/ Les dossiers

AFTERFOOT

10
adidas
F.F.F.

/ Les dossiers

AFTER FOOT TRASHTALK

RMC INFO TALK SPORT

MARABOUT

SOMMAIRE

◄ Ciseaux !!!!!

/ Les dossiers

AFTER FOOT

Ibrahimović, Guardiola, Mourinho : triangle amoureux.

“ LE TRASHTALKER EST UN DRIBBLEUR QUI A MAL TOURNÉ.

L'autre football

Thibaud Leplat

Toutes les manières de jouer au football sont valables. Le trashtalk est la pire. Elle consiste à obtenir ce que l'on veut de son interlocuteur (motiver, déstabiliser, désarmer) non par la force, mais par l'effet de quelques mots sur le cerveau. Selon que l'on soit arrière droit, supporter, entraîneur ou journaliste, le point commun, c'est l'usage de la technique verbale plutôt que footballistique. Parfois, c'est drôle (le chambrage), parfois non (le racisme). Parfois, ça marche (Materazzi), parfois non (Mourinho avec Lass). Le trashtalk, c'est le langage de la compétition.

On peut donc jouer au football avec la langue. La preuve : combien de nos héros (Diego, Zlatan, Mourinho...) sont aussi des démons de la langue? Par l'ironie, l'insulte bien sentie, l'insolence ou le génie, les mots prononcés ont un effet immédiat sur nos émotions et donc nos actions. Parfois, elles paralysent ; parfois, elles mobilisent. C'est le pouvoir magique de la parole qui va trop loin. Le trashtalker est un dribbleur qui a mal tourné. Problème, dans une époque devenue si sérieuse, on a tendance à tout prendre au pied de la lettre soit par maladresse (les banderoles ratées), soit parce qu'on est tous devenus paranos (les joueurs qui mettent la main devant leur bouche), soit enfin parce que le football s'aseptise tous les jours un peu plus (pas merci à Instagram).

Qui dit numéro 100 % trashtalk dit aussi bonnes réparties et superhéros. Mahamadou, le créateur d'Alvastudio7, est ainsi l'invité spécial de cette deuxième livraison des *Dossiers de L'After*. Il nous plonge dans l'univers visuel des comics.

Merci aux lecteurs qui nous ont suivis dans cette nouvelle aventure, à ceux qui nous accompagnent depuis le début et à ceux qui prennent cette revue dans leurs mains pour la première fois. À raison de deux ou trois numéros par an, *Les Dossiers de L'After* sont la seule revue de football que vous êtes content de poser sur la table du salon. Bonne nouvelle : vous avez à nouveau le temps de lire.

L'édito de DANIEL RIOLO

L'art du sale

Qu'est-ce qui est du trashtalk et qu'est-ce qui n'en est pas ? Tout est question de perspective. Ou non.

Dans le paysage foot, l'expression « trashtalk » est un concept moderne. Une importation US dans un foot qui emprunte de plus en plus aux codes NBA. Et si la provoc' verbale pour déstabiliser l'adversaire fait partie du « package sport US », chez nous, ça ne s'est jamais appelé comme ça. Ça existait sans appellation, sans code. Ça a toujours été une affaire de sales types. De « garces » comme j'aime dire. De mecs qu'on préfère dans son équipe plutôt que dans celle d'en face.

Dans un imaginaire fantasmé qui voudrait que le jeu soit accompagné de valeurs nobles et pures, le trashtalk est une impureté, une saleté. Coubertin, les JO, Athènes, *Les Chariots de feu*, l'aviron d'Oxford et de Cambridge, Wimbledon en blanc, la poignée de main et l'échange de maillot à la fin, non et non, le trashtalk ne doit pas exister dans ce monde-là ! On est à la frontière de la tricherie. Utiliser ce biais pour avancer, c'est déjà ne plus être loyal...

Dans mon apprentissage du football, je ne supportais pas d'entendre les raccourcis culturels. Surtout quand ça donnait lieu à des propos du genre : « Les Italiens font du cinéma. » Je crois que j'aurais pu cracher à la gueule de celui qui usait de la référence *commedia dell' arte* !

Quand on était mômes, les commentaires étaient truffés de ces analyses pourries. Les Allemands étaient «solides», «robustes», forcément «disciplinés» et pas loin d'être débiles. Les Belges étaient «nos amis» et il fallait que ce soit dit avec un ton condescendant. On ne gagnait rien mais visiblement, on pouvait se sentir supérieurs aux autres, ça faisait passer la pilule. Ça tombe mal car, encore aujourd'hui, j'ai du mal à avaler un Doliprane. Ça ne passe pas. Et non, les Anglais ne sont pas meilleurs quand il pleut et surtout ils ne sont pas plus fair-play que les autres. Ils ont peut-être inventé le concept et le fantasme, mais non, ils ne sont pas plus élégants ou plus sportifs que les autres.

Cette supériorité anglaise due, probablement, au fait qu'ils aient inventé la plupart des disciplines et créé une tonne de clubs dans le monde m'a souvent exaspéré. Pour être précis, c'est la déférence exacerbée qui me saoule.

Où je veux en venir? Et bien, au fait que, culturellement, les Anglais seraient donc des chevaliers blancs du foot et que les autres ne seraient là que pour donner la réplique. Parce que, soyons clairs, le trashtalk est un phénomène de rue. Et si le sport sort des grandes écoles – pour faire simple, si c'est un truc de riches –, alors le trashtalk est un truc de bouseux. Par extension, dans les commentaires dont je parlais, c'était même un truc du Nord contre le Sud. Les Anglais gagnaient proprement tandis que les nations du Sud devaient se salir pour espérer y arriver. L'Italie 1982, avec Gentile en provocateur, a gagné, mais ça n'était pas toujours propre.

Jouer sur un fil

Le but de la main de Maradona en 1986 – contre les Anglais justement – est l'illustration parfaite du propos. Cette main de Dieu n'est là que pour rétablir la justice et dire aux Anglais que Jésus a bien précisé que les «derniers seraient les premiers» et que les hommes sont égaux quelle que soit leur condition sociale.

UN BON TRASHTLAK EST UN TRASHTALK GAGNANT. SINON, ON EST JUSTE UN SALE TYPE.

Maradona et Gentile, Coupe du monde 1982.

Le pouvoir de la rue contre le pouvoir institutionnel. Les Britanniques ont contrôlé les fédérations internationales et les *boards*. Les cols blancs n'avaient pas besoin de trashtalk pour forcer les décisions. Le trashtalk, c'est un truc de pauvres : les Noirs qui jouent au basket aux USA, les pauvres du foot... La chose est entendue. C'est un truc de mauvaise éducation. Le souci de ce raisonnement, c'est qu'on est toujours le pauvre de quelqu'un. Il y a toujours ces foutues exceptions qui contredisent la règle.

Rien n'est codifié dans le trashtalk ou, en tout cas, rien n'est clair. Faire mal à l'adversaire avec la bouche, on accepte? Les temps changent et, parfois, fort heureusement. Une insulte raciste peut-elle être tolérée et faire office de trashtalk? Assurément, elle a servi dans le foot pendant des années. Nul doute que, désormais, un arbitre qui brandirait un carton rouge pour ce motif serait valorisé.

Quel est alors le seuil de tolérance de chacun? J'ai bien peur que dans ce domaine chacun voie midi à sa porte. Je déteste l'uniformité de pensée, le VAR, les interprétations identiques et tout ce qui peut robotiser le foot. Quand on m'explique que ce que fait le gardien argentin Emiliano Martínez n'est pas bien, ça ne me plaît pas. Son attitude est culturelle en Argentine. Il n'est pas là pour plaire aux Français. Sans limites? Je ne le crois pas et si les institutions veulent punir un trashtalker, qu'elles le fassent! Je ne veux rien savoir. Mais ça ne fera jamais l'unanimité.

Un bon trashtalk est un trashtalk gagnant. Sinon, on est juste un sale type. Materazzi n'est pas un héros en Italie. Mais on lui dit merci. Zidane est un héros en France et beaucoup ont accepté sa réaction au trashtalk. La vérité dépend toujours du point de vue. Ma vérité, c'est que le trashtalk n'est en aucun cas une tricherie. Les vendeurs de moraline qui font l'analogie se trompent. Il y a des règles. On peut jouer avec, tirer le fil, aller à la limite. L'arbitre fait partie du jeu et on peut, aussi, jouer avec lui. Le trashtalk, c'est comme du gras, c'est pas bon, mais on aime ça...

17:22
PODCASTS
L'AFTER FOOT
AFTER FOOT
L'After Foot du mercredi 11 juin
Apolline matin
GRANDES GUEULES
ESTELLE Midi
Super Moscato
ROTHEN S'ENFLAMME
CAZARRE ENCHAÎNE
BartoliTime
GRANDES GUEULES DU SPORT
RMC
EN DIRECT
ET EN PODCAST
SUR L'APPLICATION
TÉLÉCHARGEZ
L'APPLICATION
RMC
INFO TALK SPORT

les ARTISTES

Ainsi parlait DIEGO

S'il faut se la raconter dans la vie, il faut se la raconter comme Maradona. Maigre échantillon *del Pelusa* et de sa langue bien pendue. Un thème récurrent : Jésus-Christ et lui sont de la même famille (et pas Pelé).

Thibaud Leplat

« S'il est Beethoven, moi je suis le Ron Wood, Keith Richards et Bono du football, tous réunis. Parce que moi, j'étais la passion du football. »

Mars 2012, sur Pelé qui venait de s'autoproclamer « Beethoven du football »

« Battre River, c'est comme si ta fille venait te réveiller le matin avec un bisou. »

Mai 2000, après une victoire 3-0 de Boca Juniors contre River Plate en Copa Libertadores

« Je m'étais fixé comme objectif de marquer deux buts à Gatti, mais maintenant qu'il m'a traité de petit gros, je vais lui en mettre quatre. »

Novembre 1980, avant de lui en mettre effectivement 4 (dont 2 coups francs) lors d'un Argentinos 5 – Boca 3

« Je voulais aller aux États-Unis, mais la tête de thermos de Clinton ne m'a pas laissé entrer. »

En 1996, Diego a été interdit de séjour aux États-Unis

« Un peu avec la tête de Maradona et un peu avec la main de Dieu. »

22 juin 1986, conférence de presse d'après-match d'Angleterre-Argentine

« Être éliminé d'une Coupe du monde, c'est seulement comparable au fait de voir quelqu'un frapper ta mère alors que tu es attaché à une chaise. »

Juillet 1998, après la défaite contre les Pays-Bas en quarts de finale du Mondial

« Même mort, je ne serai pas en paix. On m'utilise de mon vivant, et ils trouveront bien le moyen de le faire une fois que je serai mort. »

1996

« Bush est un assassin, moi je préfère être l'ami de Fidel. »

Novembre 2003

« Mes filles légitimes sont Dalma et Gianinna. Les autres sont des enfants de l'argent ou de l'erreur. »

1999

« Un Boca-River, c'est différent de tout. C'est comme passer la nuit avec Julia Roberts. »

Mars 2006

« Qu'ils la sucent, et qu'ils continuent à sucer. Moi, je suis blanc ou noir, jamais je ne serai gris. Vous m'avez traité comme vous m'avez traité. Continuez à sucer. »

Octobre 2009, aux journalistes après une victoire contre l'Uruguay qui qualifie l'Argentine pour le Mondial 2010

« Si je mourais et qu'on pouvait jouer au football au paradis, je n'aimerais pas le faire avec Pelé. »

Novembre 2020

« Je préfère être ruiné par la drogue plutôt que de devoir témoigner devant les députés pour corruption, comme cela est arrivé à Pelé. Moi, je n'ai volé personne. »

2021

« SI TU LANCES LE BALLON À SAMPAOLI, IL TE LE RENVOIE AVEC LA MAIN. »

Juin 2017

5 DES TRASHTALKERS (TOTALEMENT OBJECTIF)

Daniel Riolo

1 DIEGO MARADONA

Selon la vraie définition du trashtalk, Diego ne devrait pas être classé. Il ne provoquait que balle au pied. Subissait mais répondait peu. Mais son chef-d'œuvre, c'est la conf après le mythique Argentine-Angleterre en 1986. Il avait triché, clairement. Mais il a transformé son acte en geste de justice : les pauvres contre les riches. Le Sud contre le Nord. Maradona a contesté le pouvoir en place. Sa main de Dieu est un geste géopolitique.

2

MARCO MATERAZZI

Un bon trashtalk doit faire gagner et là, c'est 10 sur 10. Il sort du match, puis du terrain, le meilleur joueur de l'équipe d'en face et, en plus, dans une finale de Mondial ! *Marco for ever*.

3

ROY KEANE

Dire : « Je vais te casser. » Le faire. Et assumer. C'est fort. Keane, dès qu'il ouvrait la bouche, ou par sa seule présence, intimidait. Un regard pouvait suffire. Le ballon brûlait sous le pied de celui qui entrait dans sa zone.

4

GENNARO GATTUSO

Le moulin à paroles. Le gars qui vide le cerveau de l'adversaire, de l'arbitre... Mais qui maîtrise la limite. Il a finalement reçu un nombre de cartons hyper limité par rapport à son œuvre globale (7 cartons rouges en carrière, ndlr). Preuve d'une maîtrise parfaite du travail.

5

EMILIANO « DIBU » MARTÍNEZ

La kryptonite du foot français. Le boss de la boîte à seum. Nous, Français, on pouvait se moquer des Belges et de leur seum, mais les Argentins, surtout Martínez, non. Lui, il est vulgaire, blabla, c'est pas pareil... oui, le chambrage, ce n'est jamais pareil quand on le subit. Bref, Martínez est un *king* en Argentine et il kiffe ça. Son but n'a jamais été d'être aimé en France.

Histoire d'un ROY

Si tu ne sais pas pourquoi Roy Keane te gueule dessus, lui, il le sait. Prière de lire la notice ci-dessous.

Chérif Ghemmour

Roy Keane est le fils spirituel de Brian Clough (son coach à Notts Forest), le neveu putatif d'Alex Ferguson et le frère d'adoption d'Éric Cantona, soit trois des plus grands clasheurs de l'histoire du foot anglais. Voilà pour la généalogie. Son ADN d'Irlandais forcément bagarreur est tout aussi tellurique. Il est né à Cork, la ville des fortes têtes de la verte Érin qui, au Moyen Âge, a donné au comté du même nom le titre de *Rebel County*. Enfin, le cursus de Roy décline plusieurs années de boxe pratiquée conjointement avec le foot dès l'âge de 9 ans jusqu'à l'adolescence, avec pas mal de combats victorieux dans des ligues amateurs.

Roy Keane deviendra donc un footballeur radioactif, dévorant des tonnes de TNT noyées sous des hectolitres de nitroglycérine. « Je suis dans l'agression. Je vais à la guerre : tu ne peux pas aborder des matchs de football avec un état d'esprit raisonnable », signait-il dans son autobiographie en 2002. Taulier aboyeur du Manchester United des années 1997-2005, son palmarès est aussi étendu que son allonge. L'Attila *box-to-box* a mêlé le geste tabasseur à la parole destructrice pour établir le règne de MU sur la Premier League et sur l'Europe.

Talion FC

Sir Alex le recrute en 1993. Il a repéré en lui le leadership et le *fighting spirit* celte (Irlande, Écosse, pays de Galles) qui a toujours sublimé par la force brute et par l'aisance balle au pied un football anglais trop académique. Son titre

L'EXPRESSION *PRAWN SANDWICH BRIGADE*, DONT IL EST L'AUTEUR, EST ENTRÉE DANS LE VOCABULAIRE COURANT DU FOOTBALL ANGLAIS.

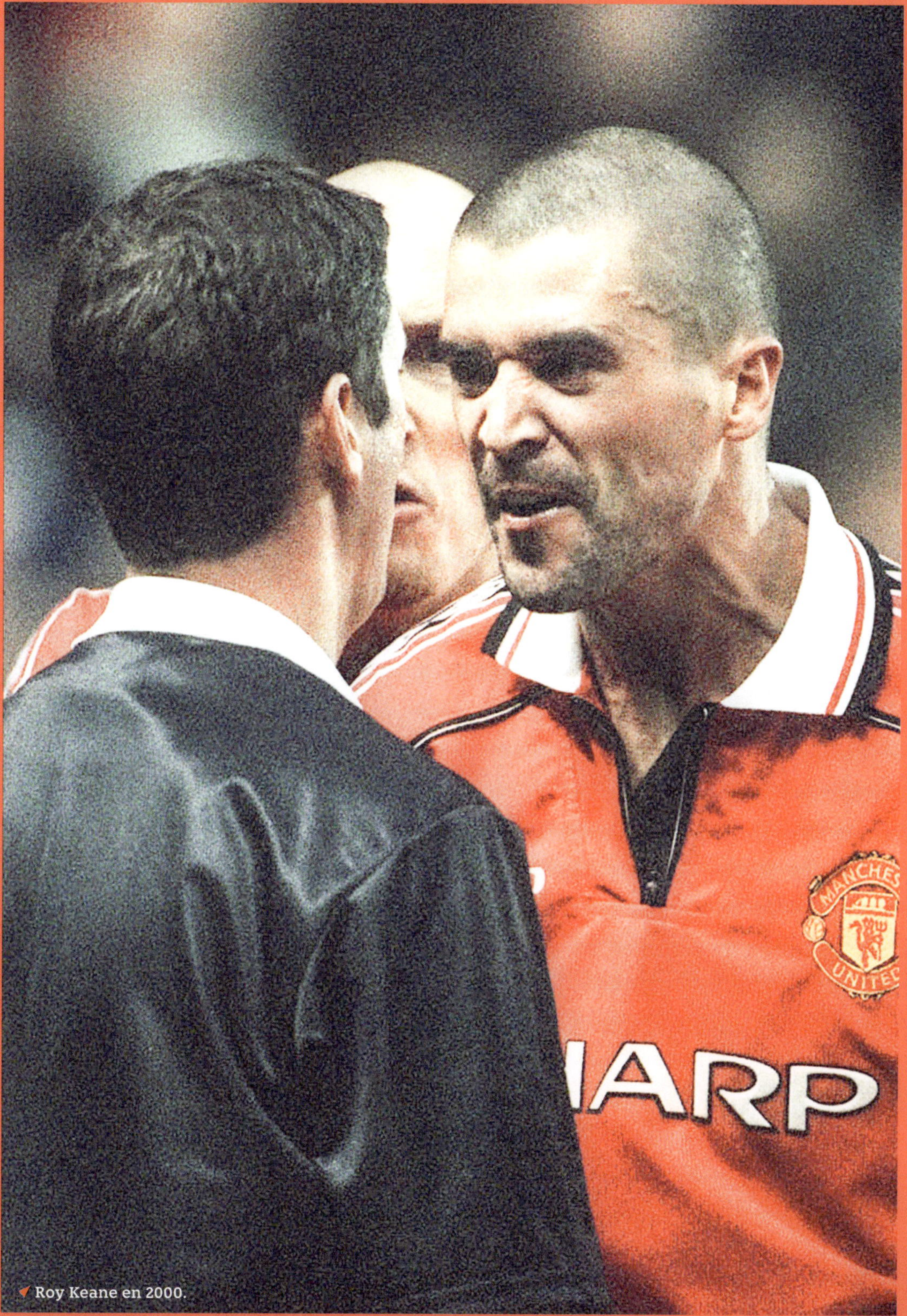

Roy Keane en 2000.

de punchliner numéro 1 mondial, le désormais capitaine des *Red Devils* l'a établi en avril 2001, en bousillant d'un tacle insensé le genou d'Alfie Haaland (le père d'Erling) lors d'un derby United-City. *The horror challenge*, comme on le relate encore au Royaume-Uni. L'Irlandais avait éructé au visage du Norvégien tordu de douleur, à terre : « PRENDS ÇA, SALE CON ! ET NE TE FOUS PLUS JAMAIS DE MOI EN M'ACCUSANT DE FAUSSES BLESSURES ! »

Flashback... En septembre 1997, lors d'un duel entre les deux hommes, Roy Keane, gravement blessé au genou, gémit à l'agonie. Haaland Senior lui hurle d'arrêter de simuler et de se relever. En 2002, toujours dans son autobiographie, « Keano » assume, dans une forme d'avertissement au monde entier : « J'ai attendu assez longtemps. Je l'ai foutrement dézingué. Il m'a niqué et ma réponse, c'est œil pour œil. » En 2014, Keano épilogue dans sa seconde autobiographie : « Il y a des choses que je regrette dans ma vie. L'agression d'Haaland n'en fait pas partie. » Pour faire bonne mesure, Roy, devenu la langue de vipère la plus vénéneuse des consultants TV, s'en prendra évidemment au fils Haaland, Erling, en mai 2024 : « Il a presque le niveau d'un joueur de D2. »

En 2005, MU doit mordre son plus dangereux rival, Arsenal. Dont acte : le 1er février, le « Tonton Flingueur » (1,80 m) s'est chargé de rappeler aux *Gunners* « qui c'est Raoul » en agressant verbalement leur capitaine Patrick Vieira (1,92 m) dans le tunnel d'Highbury. D'un menaçant « JE TE VERRAI LÀ-BAS ! » en indiquant le terrain, Keano, sur le point d'exploser, apostrophe l'arbitre Graham Poll : « Dites-lui de fermer sa p... de gueule ! », en direction de Vieira. Avant de monter sur le ring, le boxeur

Hauteur minimale d'un bon tacle selon Roy Keane.

de Cork impose son *mind game*, à l'intimidation. Les *Red Devils* gagnent 4-2. Plus personne n'osera défier *Battling Roy* ! Entre-temps, Roy Keane ne gâche pas l'occasion d'être aussi prophète du trashtalking dans son propre pays, lors du Mondial asiatique de 2002. Outré par l'intendance bordélique de la sélection, le capitaine des *men in green* vomit sa colère sur la fédé irlandaise dans *The Irish Times*. Sommé de s'amender devant l'équipe et le staff par le sélectionneur Mick McCarthy, furax car indirectement visé, Keano fait parler la foudre : « MICK, T'ES UN PUTAIN DE BRANLEUR ! JE NE T'AI JAMAIS CONSIDÉRÉ COMME JOUEUR, JE NE TE CONSIDÈRE PAS COMME ENTRAÎNEUR ET JE NE TE CONSIDÈRE MÊME PAS COMME PERSONNE. T'ES UN CONNARD ET TU PEUX TE FOUTRE LA COUPE DU MONDE DANS LE CUL ! » Viré sur le champ, Roy quitte la Corée du Sud pour aller promener son chien et son sourire, tête haute et sans regret, dans les rues ensoleillées de Manchester...

Bande de crevettes

À force d'accumuler les saillies féroces comme joueur (« Je me suis embrouillé avec tellement de monde qu'avant un match je ne sais plus à quel joueur serrer la main »), comme entraîneur (« Deuxième fois que ton portable sonne ! TU PEUX PAS LE METTRE EN SILENCIEUX ? », aboyé, le regard noir, à un journaliste en conf' lors de son bail à Ipswich) ou comme consultant TV (« Il y a un gros buzz autour de Trent Alexander-Arnold qui partirait au Real Madrid, mais vu comment il défend il va vite se retrouver après ça à Tranmere Rovers [D4 anglaise] ! »), il s'est fatalement trouvé qu'un éditeur (Eagle Books) publie en novembre 2022 une compilation non exhaustive de ses punchlines. Son titre, *I'll See You Out There: The Funniest Roy Keane Quotes!*, reprenant bien sûr l'apostrophe à Patrick Vieira.

Mieux ! L'expression « *prawn sandwich brigade* », dont il est l'auteur, est entrée dans le vocabulaire courant du football anglais. En novembre 2000, Keano allume (justement) les Footix VIP qui friment à Old Trafford en dégustant champagne et fins sandwichs aux crevettes sans rien comprendre au ballon... Roy Keane a aussi inspiré le personnage de l'irascible footballeur Roy Kent dans la série TV *Ted Lasso*. L'ami des bêtes a exonéré de toutes vilenies les toutous qu'il adore (« À l'inverse des êtres humains, les chiens ne font pas dans le *talk shit* ») et le tchatcheur intarissable devenu réseau social à lui tout seul (2 millions de followers sur Insta) sait tempérer sa hargne par une autodérision sympatoche. Le consultant de Sky Sports a même révélé, en septembre 2024, une surprenante autocritique : « J'ai franchi la ligne jaune avec Maguire. Je me suis moqué un peu de lui et ce n'était pas joli-joli. J'ai croisé Harry il y a quelques mois et je me suis excusé auprès de lui. » Les Haaland, eux, peuvent toujours courir.

« IL Y A DES CHOSES QUE JE REGRETTE DANS MA VIE. L'AGRESSION D'HAALAND N'EN FAIT PAS PARTIE. »

Roy Keane

Ainsi parlait ZLATAN

C'est le roi de la punchline. Voici un échantillon représentatif de l'étendue du talent de Zlatan Ibrahimović. Une constante : la modestie.

Thibaud Leplat

« Je ne connais pas beaucoup de joueurs de Ligue 1, mais eux vont apprendre à me connaître. »

juillet 2012, à son arrivée au PSG

« Je ne connais pas bien la Ligue 1. Mais la Ligue 1 sait qui je suis... [...] Je vais habiter dans la tour Eiffel et me rendre aux entraînements en parachute. »

Juillet 2012, à son arrivée au PSG

Zlatan ne passe pas une audition. »

Quand Arsenal lui propose un essai à 17 ans

« Je suis venu comme un roi, je repars comme une légende. »

Mai 2016, message de départ du PSG

« Je suis venu, j'ai vu, j'ai vaincu. Merci @lagalaxy de m'avoir fait sentir vivant à nouveau. Pour les fans de Galaxy – vous vouliez Zlatan, je vous ai donné Zlatan. De rien. L'histoire continue... Maintenant, vous pouvez retourner regarder du baseball. »

13 novembre 2019, départ de LA Galaxy

« Je jouerai jusqu'à ce que je voie quelqu'un de meilleur que moi. Donc je continue à jouer. »

Mars 2022, UEFA.com

« Quand je me suis réveillé, il pleuvait, je me suis dit que même Dieu était triste. »

4 juin 2023, jour de l'annonce de sa retraite

« MOI, JE SUIS ZLATAN, MAIS VOUS, VOUS ÊTES QUI, PUTAIN ? »

Premier entraînement avec l'Ajax Amsterdam à 20 ans

« Le virus m'a défié et je l'ai vaincu. Mais si tu n'es pas Zlatan, ne défie pas le virus. »

29 octobre 2020, pendant la pandémie de Covid

« Cela fait quinze ans que je joue au foot et je n'ai jamais vu un arbitre aussi nul dans ce pays de merde. Ce pays ne mérite pas le PSG. Le PSG ne devrait même pas être dans ce pays, nous sommes trop bons pour ce pays. »

15 mars 2015, après Bordeaux-PSG

« Les lions ne récupèrent pas comme des humains... »

Au sujet de son retour de blessure avec Manchester United en novembre 2017

« J'ai choisi le football, je suis désolé pour les fans qui ont choisi un autre sport. »

17 avril 2018, ABC

« J'ai besoin de nouveaux ennemis. Les anciens sont devenus des fans. »

3 janvier 2020, le jour de sa signature à l'AC Milan

« Vous me traitez d'arrogant. Mais les Français sont réputés arrogants. Vous devriez m'aimer parce que je représente très bien la France. »

2017, à Olivier Dacourt sur Canal+

« Les lions ne se comparent pas aux humains. »

Avril 2017, BT Sport

« Si je ne suis pas en colère, je ne joue pas bien. J'ai besoin de gueuler, je fais du boucan. »

Dans son autobiographie *Moi, Zlatan Ibrahimović*, avec David Lagercrantz, JC Lattès, 2013

« Va faire tes rites vaudous de merde ailleurs, petit âne. »

Janvier 2021, à Romelu Lukaku

POURQUOI CHILAVERT EST-IL SI MÉCHANT ?

José Luis Chilavert n'est pas seulement le plus mythique joueur de Strasbourg ou du Paraguay qui en a fait baver aux Bleus en 1998. C'est aussi un personnage de série Z sud-américaine.

Nicolas Zeisler

6 mai 2024. La planète foot pleure la mort de César Luis Menotti. La veille, *El Flaco* s'en est allé poursuivre son rêve d'un jeu élégant et fantaisiste au paradis. José Luis Chilavert attrape son téléphone et tapote rageusement : « Nous, les singes, on est encore vivants et nos enfants ne se droguent pas. Dans les années 1990, on vous a tous baisés avec Vélez. » Stupéfaction ! Quelle mouche a piqué l'ancien portier du Racing Club de Strasbourg ?

À la fin des années 1990, Chilavert était le gardien et l'ennemi numéro 1 du championnat argentin. À son actif : trois titres de champion, une Libertadores, une Intercontinentale, quelques dizaines de buts, des coups, des mollards et un nombre incalculable de déclarations fracassantes. « Il faudrait le promener dans les écoles et les universités pour que les jeunes sachent à quoi ressemblait l'homme il y a 40 millions d'années. D'abord, il y a eu Chilavert, puis le singe, puis l'homme… » avait alors proposé un Menotti soucieux d'édifier la jeunesse.

Les deux hommes ont pourtant failli travailler ensemble. En 1988, Chilavert, 22 ans, sort de plusieurs saisons réussies avec San Lorenzo. Le River de Menotti souhaite le recruter dans le cadre d'un double échange : Siviski et Chilavert contre Gorosito et Goycochea. *Deal.*

À L'ÉPOQUE, TOUT LE MONDE AIMAIT LE DÉTESTER. MAIS CHACUN AURAIT ADORÉ QU'IL ENFILE LE MAILLOT DE SON CLUB.

► **Rare image de Chilavert qui sourit.**

Le Paraguayen, ravi, pose avec ses nouvelles couleurs sur la pelouse du Monumental. Sauf que Goycochea n'est pas dans la forme de sa vie. Les rumeurs les plus folles courent sur son compte. Est-il blessé ? A-t-il le sida ? San Lorenzo dénonce la transaction. Retour à la case départ pour Chilavert, refoulé du centre d'entraînement par le service d'ordre de River, et furieux contre Menotti qu'il accuse de l'avoir laissé tomber. Suffisant pour expliquer ce trashtalking *post mortem* ?

Les vieilles habitudes ont la vie dure et, telle une fleur de lotus poussant dans la boue, Chilavert s'épanouit sous les lazzis. Dès qu'il affronte Boca ou River, il se plante devant les ultras et mime le design du rival honni sur son maillot. « Faut se mettre dans l'ambiance. C'est bon de se faire insulter. Plus on m'insulte, mieux je joue. »

▲ Chilavert, maillot de Strasbourg sur le dos, qui fume les Amiénois en finale de Coupe de France 2001.

« NOUS, LES SINGES, ON EST ENCORE VIVANTS ET NOS ENFANTS NE SE DROGUENT PAS. DANS LES ANNÉES 1990, ON VOUS A TOUS BAISÉS, AVEC VÉLEZ. »

José Luis Chilavert

Crache ton venin

27 août 1989. Éliminatoires du Mondial 1990. Chilavert honore sa première cape contre la Colombie. Match tendu. Score de parité. À la 94e minute, Higuita manque de décapiter un attaquant paraguayen. Penalty. Chilavert s'empare du ballon. Il n'a jamais marqué en match officiel. Higuita s'approche. « Tu as peur, tu es pâle. Si tu tires à droite, je vais l'arrêter », déclare ce spécialiste de la guerre psychologique. Le débutant affiche un air goguenard. « Pourquoi tu ris ? » demande le Colombien. « Je ris parce que j'ai trouvé un homme plus laid que moi », répond le Paraguayen qui marque ensuite d'une frappe sèche le premier de ses 62 buts en carrière. À droite, comme de juste.

« Chilavert, le meilleur gardien de l'histoire de Strasbourg. *Remember* le dernier TAB contre Amiens en Coupe de France. »

L'AVIS DE **GILBERT**

D'où vient cette force mentale? Chaque péno arrêté, chaque coup franc converti, chaque coup de coude, chaque provocation est une revanche sur la vie. Sur cette maladie infantile qu'il a vaincue en suçant des écorces de citron alors que les médecins ne lui donnaient que six mois à vivre. Sur les préjugés dont sont victimes ses compatriotes, poétiquement surnommés *Paraguas* (« parapluie » en VF) par leurs hôtes argentins.

Le plus grand gardien du monde peut-il être Paraguayen ? Pas pour Navarro Montoya et Diego Maradona. Nous sommes en 1996, à quelques jours du choc Vélez-Boca. Dans la presse, le dernier rempart *bostero* a recours à une métaphore automobile pour accuser son collègue d'être surcoté. « Il dit que je suis une Fiat 600, mais j'ai un moteur de F1. Lui, c'est une Mercedes modèle 54 : une antiquité. Navarro Montoya n'a pas de mains », contre Chilavert qui enverra un péno et un coup franc au fond des filets de son rival.

Avant le match, Maradona lance, lui aussi, une pique pleine de mépris contre le club (« Vélez n'existe pas »), le poste (« c'est juste un gardien »), la nationalité (« Paraguayen, qui plus est ») et la virilité (« même pas capable d'avoir une famille ») de Chilavert. « Qu'il me prête sa femme une nuit pour voir », réplique l'offensé avant de se moquer de la cervelle de l'idole nationale qu'il juge « ramollie par la drogue ». Un coup bas ? « Non, c'est la vérité. Le problème, c'est que les Argentins ne sont pas habitués à ce qu'on la leur dise en face », assume le futur candidat à l'élection présidentielle paraguayenne.

Pizza et champagne

La décennie 1990 en Argentine, c'est aussi les années « pizza et champagne ». Le mauvais goût et la superficialité dominent l'espace public. « Je m'opère donc je suis », claironnent les starlettes décolorées dans les programmes de divertissement. Le président Menem raconte tout et son contraire. Élu sur d'invraisemblables promesses sociales, il s'empresse de vendre le pays aux capitaux étrangers. Chilavert n'est pas un parangon de vertu, mais, au milieu du bordel ambiant, il dit les choses comme elles sont. Ce qui fait de lui une sorte d'objet volant non identifié, et pas seulement lorsqu'il repousse des frappes qui prennent la direction de la lucarne.

À l'époque, tout le monde aimait le détester. Mais chacun aurait adoré qu'il enfile le maillot de son club. Il marque et arrête des pénos et des coups francs. Il flanque des coups de coude dans la gueule des attaquants qui s'aventurent dans ses 16 mètres. Il collectionne les *clean sheets*. Dans la cage, ce n'est pas un homme en léger surpoids, c'est le bruit et la fureur. Tous les projecteurs sont braqués sur lui. Ses coéquipiers l'adorent. Ils jouent l'esprit libre et le cœur léger.

À 13 ans, Chilavert se rêvait en attaquant de pointe. Il avait proposé ses services au Club Olimpia Asunción. « Pas la peine de revenir et de me faire perdre mon temps. Des comme toi, j'en ai des milliers », avait jugé l'entraîneur après 15 minutes de jeu. Près de vingt-cinq ans plus tard, Chilavert grimpe dans un taxi à l'aéroport de Montevideo. « Vous vous rappelez de moi ? » demande l'homme au volant. « Bien sûr. Vous êtes un visionnaire. Je continue à jouer au foot et vous avez fini dans un taxi. » De l'art d'avoir le dernier mot.

Emmanuel PETIT

Il y a ceux qui parlent et ceux qui jouent. Et puis une catégorie juste entre les deux. Ceux qui répondent sur le terrain. Manu Petit faisait partie du club fermé des justiciers savateurs.

Propos recueillis par Gilbert Brisbois

« JE N'AI JAMAIS CÉDÉ AUX INSULTES. »

Est-ce que tu pratiquais le trashtalk sur le terrain ?

Pas vraiment. Même quand on m'insultait lors des matchs, que ce soit les joueurs ou le public, je ne répondais pas par la parole. Je crois n'avoir jamais insulté en retour. Les supporters en Angleterre me traitaient de *gypsie* à cause de mes cheveux longs. En Espagne, on me traitait de *payaso* [clown]. Moi, mon truc, c'était de répondre par les gestes et le jeu. Des coups, j'en ai mis...

Ah oui ?

Ben, Moracchini à Bastia s'en souvient très bien, par exemple. C'était un Bastia-Monaco diffusé sur Canal+. Le match a été arrêté car je suis au duel avec Lubomir Moravčík, qui était leur meilleur joueur. Il ne se relève pas. Fracture du péroné. Du coup, civière et tout, vingt-cinq minutes d'arrêt. Le souci, c'est que c'était vraiment la star de l'équipe. À la mi-temps, je suis menacé par les joueurs de Bastia, par des stadiers dans le tunnel. Moracchini vient me voir et il me dit : « Toi, tu finis pas le match. » Un quart d'heure après la reprise, c'est lui qui est sorti sur une autre civière.

« EN FINALE EN 1998, LES BRÉSILIENS N'ARRÊTAIENT PAS DE S'INSULTER ENTRE EUX. »

Ah quand même...

Je n'ai jamais cédé aux insultes. Tu veux m'allumer par la parole, moi je te réponds par les actes. Bon, fallait pas trop me pousser...

Où as-tu entendu le plus de trashtalks, en Angleterre ou en Espagne ?

En Angleterre, c'est permanent, ils insultent, te rentrent dedans, et en plus, il y avait un laisser-aller total des arbitres envers les joueurs étrangers. On s'en plaignait souvent avec Patrick Vieira. Quand un Anglais emplâtrait un étranger, le stade hurlait de joie, mais quand c'était l'inverse, tu te faisais siffler. On le savait, mais fallait se faire respecter.

Tu t'es mêlé des soucis de Vieira avec Roy Keane ?

Non, mais on était clairement des cibles. Moi, j'ai eu des soucis avec Dennis Wise de Chelsea, c'était leur *bad boy*. Pat' », lui, pouvait mettre un coup violent puis sortir du match, moi, j'essayais d'être plus discret. Je n'avais pas d'excès de colère comme Zizou pouvait en avoir. Et puis, j'ai joué contre les fous de Wimbledon avec Vinnie Jones.

Raconte !

Avant le match, Tony Adams nous parle dans le vestiaire et il dit : « Les gars, aujourd'hui, c'est pas un match de foot, vous pouvez oublier ça.

Emmanuel Petit à la lutte avec Graeme Le Saux, janvier 1998.

Aujourd'hui, ça va être un combat de rue. Alors un conseil, jouez vite, lâchez le ballon et regardez autour de vous. Dans les duels aériens, ne sautez pas en premier...» En face, il y avait des arbres. On est sortis pleins de bleus. Les arbitres laissaient faire.

Aujourd'hui, ce genre de match n'existe plus?

Non, c'est fini. Regarde ce qu'a fait Roy Keane au père d'Haaland. Il le blesse, lui ruine sa carrière et écrit un bouquin pour raconter ça. Aujourd'hui, le père Haaland le poursuit en justice. En 2025, tout ça est fini, heureusement.

T'as connu du trashtalk entre coéquipiers?

À Barcelone, on m'a fait des sales coups. Quand j'arrive en cours de préparation, je sors de l'Euro 2000. On ne m'a pas réveillé le matin pour le départ du bus. Serra Ferrer, le coach, me dit lors de notre première entrevue : «C'est quoi ton poste?» Je rêve... Je suis champion du monde et champion d'Europe... Il est sérieux, lui? Donc je lui ai répondu : «Vous étiez où ces dernières années? Dans une grotte?»

Pareil avec les joueurs du Barça?

Y a des gars qui ne me disaient jamais bonjour. Ils me connaissaient, attention, ils savaient très bien qui j'étais. Guardiola et Luis Enrique étaient là. J'ai toujours eu des relations compliquées avec eux. Tu ajoutes au tableau la rivalité à ce moment-là entre les Néerlandais et les Catalans dans le vestiaire. Moi, j'étais au milieu avec un Nigérian, on était le tiers monde, en fait. J'ai pété un plomb et accroché un slip sur le mur du vestiaire avec écrit dessus «boss = *payaso*». Ferrer, il était électricien à la base, bon, j'ai rien contre les électriciens, mais lui, il n'a jamais trouvé la lumière.

Ça s'est fini comment?

Je n'ai jamais joué à mon poste. Il m'a mis latéral, central dans une défense à trois. La seule fois ou j'ai joué à mon poste au milieu j'ai marqué un but au Nou Camp. Le seul avec Barcelone, j'en suis fier de celui-là!

Et en équipe de France, c'était parfois chaud sur le terrain?

C'était plus calme en équipe nationale. Les soucis étaient plus entre coéquipiers. Par exemple, en finale en 1998, les Brésiliens n'arrêtaient pas de s'insulter entre eux, c'était impressionnant. Moi, en équipe de France, je n'ai jamais connu d'insultes entre nous, jamais. Notre mission, c'était de protéger Zizou, comme un quarterback. Si des adversaires venaient le chercher, on s'en occupait.

Tu regrettes que l'époque ait changé?

Il n'y a plus de vrais bonhommes dans le foot. Sergio Ramos a été l'un des derniers. Maintenant, les gars se chauffent et savent qu'il ne va rien se passer sur le terrain. Nous, on a connu les bastons dans les couloirs, avec des gars qui n'avaient pas peur des conséquences.

Et les coachs? Ils trashtalkent?

Ah ben moi, j'ai eu Arsène Wenger pendant des années, tu le connais. Le jour où une insulte sortira de sa bouche, il se punira lui-même. En fait le trashtalk, c'est l'arme des faibles qui ne savent pas te faire mal par le jeu.

« LE TRASHTALK, C'EST L'ARME DES FAIBLES. »

REAL MADRID
C.F
35¢
SEASON
2011
2012
A TRANSFER SAGA
ONE WANTS TO LEAVE, THE OTHER WANTS TO KEEP HIM
THE BATTLE IS GOING TO BE INTENSE!
APPROVE
BY THE
ALVASTUD
CODE
AUTHORI
MOU
"THE SPECIAL ONE"
LASS
"THE RAPPER"
VS
THE
CLASH!

MOURINHO
et le « rappeur »

C'est l'histoire de la rencontre entre l'un des plus grands trashtalkers des bancs de touche, José Mourinho, et l'un des joueurs les plus hermétiques à son discours. Lassana Diarra. (À lire en écoutant 2Pac en fond.)

Diego Torres

« Parfois, vivre dans ce monde me dégoûte un peu, mais c'est notre monde… » Les mots de José Mourinho coulent comme un fleuve incessant au printemps 2011. « Je ne crains que Dieu, dit-il, mais Dieu doit penser que je suis sacrément bon. »

Devant les caméras de télévision ou dans l'intimité du vestiaire du Real Madrid, l'entraîneur utilise le même ton monocorde. Son visage figé comme un masque égyptien ne bouge pas d'un millimètre. Il module sa voix et fige son expression sur le modèle d'Anthony Hopkins dans le rôle d'Hannibal Lecter. L'effet est immédiat sur tous ses joueurs – sauf sur deux « rappeurs ». Karim Benzema et Lassana Diarra l'écoutent comme on écouterait la pluie tomber.

Le mot « rappeur », dans le jargon des agents et analystes, désigne un archétype psychologique dans l'industrie du football. C'est une sonnette d'alarme : un « rappeur » est un pari risqué, un investissement qui peut finir à la poubelle. Produits dérivés de la culture capitaliste, ces joueurs ne réagissent pas comme les autres face au productivisme : la loi de l'offre et de la demande, la carotte et le bâton n'ont pas prise sur eux. Menacés par la concurrence, ils ne redoublent pas d'efforts : ils s'effacent. Quand leur estime d'eux-mêmes vacille, ils répondent par l'indifférence. Là où d'autres deviennent agressifs, ils se figent dans la dignité. Un cri ne les fait pas sursauter : ils s'allongent.

2Pac, directeur de la communication

Dans leurs gestes les plus extérieurs, ces joueurs imitent le gangster des quartiers. Ils adoptent les attitudes vues chez 2Pac, Eminem, Jay-Z, Lil Wayne ou Snoop Dogg – des créatures de la nuit pour qui l'unique loi qui vaille est celle du cash. Ces figures exercent un redoutable attrait sur la génération née dans les années 1990 dans les banlieues françaises. Comme le dit un recruteur d'Arsenal : « Le vrai rappeur est francophone. » Il grandit à l'école publique, mêle marginalité et rébellion sociale. Demeurent en lui des réminiscences de barricades, de la Commune, d'une idée de résistance vaguement fascinante.

Sous l'égide institutionnelle du Real Madrid et de son président Florentino Pérez, Mourinho élabore au printemps 2011 une théorie du complot : les arbitres, l'UEFA, les médias, les chaînes de télé sont tous ligués avec le Barça pour détruire le Real. C'est un projet pionnier. Les réseaux sociaux naissants, c'est la plus grande campagne de propagande jamais orchestrée dans l'histoire d'un club de football. À partir de là, Mourinho devient chef d'orchestre. Il faut convaincre les joueurs qu'ils sont les victimes d'une injustice historique et la dénoncer publiquement. Un à un dans son bureau, il les convoque pour leur souffler les réponses à donner aux journalistes.

Dans les premiers temps, l'effet est spectaculaire, mais contrasté. Carvalho et Cristiano sont sceptiques. Casillas, Granero, Higuaín, Pepe, Marcelo, Arbeloa, Khedira, Xabi Alonso et Di María s'enflamment – ou font semblant d'y croire. Benzema et Lass, eux, conservent un flegme de «rappeurs»: Lass ira même jusqu'à dire à Mourinho qu'il ne compte pas entrer dans ce jeu.

« À CHELSEA, JE SUIS RESTÉ SANS JOUER JUSQU'À CE QUE TU ME VENDES À ARSENAL ? J'AVAIS 20 ANS. IMAGINE CE QUE JE PEUX FAIRE AUJOURD'HUI, À 26. »

Lassana Diarra

Antisystème

Né à Belleville, Lass a 25 ans en 2011. Il connaît bien Mourinho (il a été son entraîneur à Chelsea). En secret, Mourinho l'admire. D'abord parce qu'il est, physiquement et mentalement, le milieu défensif idéal. Ensuite, parce qu'il est véritablement indépendant et n'a pas peur de lui. Leur relation amour-haine fait les délices du vestiaire. Comme le dit Arbeloa : « "Mou" adore Lass. Lass, c'est son gars sûr ! »

Ses coéquipiers le surnomment « l'Antisystème ». Il sera mis à l'écart après s'être moqué de ladite « politique de communication ». C'était contre Almería au Bernabéu pour le dernier match de la saison 2010-2011. La Liga est déjà perdue. À la mi-temps (2-1), Mourinho rassemble les joueurs et enfile le masque d'Hannibal Lecter : « Parlons franchement. Vous le savez tous : on a perdu la Liga parce que les titulaires ont lâché. L'année a été une putain de merde. Pourquoi ? À cause des titulaires. Ne nous mentons pas entre nous. Je suis sûr que l'an prochain, avec des renforts, on gagnera tout. » Message subliminal : vos contrats sont en danger. En deuxième mi-temps, ils écrasent Almería : 8-1.

L'anthropologue Ubaldo Martínez étudie Mourinho à cette époque. « Il cultive une dimension de mystère, dit-il. Il parle en énigmes, comme un chamane. Il ne dit pas : "Ce gars ne sait pas tirer les corners." Non. Il lance une phrase obscure. On pense qu'il sait quelque chose de plus. Il laisse planer le doute. C'est typique du langage pseudo-religieux. »

Pedro León, Royston Drenthe, Lass Diarra

La peur du licenciement s'installe dans le vestiaire à l'été 2011. Tous craignent d'être évincés du plus grand club du monde – sauf Lass Diarra. Le Français dit à Mourinho qu'il veut partir. Mourinho refuse. Quand l'équipe reprend l'entraînement et s'envole pour Los Angeles, Lass ne monte pas dans l'avion. Le délégué l'appelle : téléphone éteint. Il raconte ensuite à ses coéquipiers qu'il est resté à Paris et n'a pas dormi une seule nuit, scotché aux matchs de la Copa América diffusés en direct depuis l'Argentine.

En pleine canicule, il revient à Valdebebas alors que le Real est en tournée aux États-Unis. Le centre d'entraînement est désert, à l'exception de deux joueurs poussés vers la sortie : Pedro León et Royston Drenthe. Pendant plusieurs jours, Mourinho envoie des messages à Lass pour le convaincre de revenir. Lass montre ces messages à un collègue. D'après cette source, ils disent plus ou moins ceci :

« Sors de ma vie et laisse-moi en paix.
– Je ne te vendrai pas à moins de 20 millions. Rejoins la prépa et tu joueras.
– C'est ta mère qui va aller en prépa.
– Je vais t'envoyer au Castilla [l'équipe réserve].
– Très bien. Alors je touche les 9 millions qu'on me doit et j'attends au Castilla jusqu'à être libre.
– Tu ne tiendras pas trois mois au Castilla. Tu reviendras jouer avec moi…
– Tu crois ? T'oublies qu'à Chelsea, je suis resté sans jouer jusqu'à ce que tu me vendes à Arsenal ? J'avais 20 ans. Imagine ce que je peux faire aujourd'hui, à 26. »

Le Real ne vendra pas Lass cet été-là. Il sera une épine dans le pied de Mourinho. En 2012, il est finalement vendu pour 5 millions à l'Anzhi Makhachkala et y fera fortune. Des années plus tard, il porte plainte devant la Cour de justice de l'Union européenne contre les règles de la FIFA qui limitent la liberté des joueurs souhaitant résilier leur contrat et gagne son procès. Désormais, chaque fois qu'on parle de Lass, les dirigeants du syndicat des joueurs, la Fifpro, se lèvent.

« La modestie ? Dieu m'en préserve. Cette décla est de Mourinho, je valide ! »
LE TACLE DE **DANIEL**

Ainsi parlait
MOURINHO

Le monde actuel n'a, pour l'instant, pas fait mieux que José Mourinho devant un micro. Avec le *Special One* une constante : le monde est hypocrite, je suis le seul à dire la vérité (mais personne ne m'écoute).

Thibaud Leplat

« Je vais être très vilain, mais très honnête… J'avais peur que l'Inter remporte le triplé. Je ne voulais pas qu'ils le remportent. Le triplé est à moi. »

Le 29 mai 2025

« Personne dans le monde n'irait débattre de la science spatiale avec des gars de la NASA. Mais les gens pensent pouvoir discuter de football avec l'un des managers les plus importants. »

Mars 2021

« Cassano a joué pour la Roma, l'Inter et le Real Madrid. À Madrid, on se souvient de lui pour son manteau, avec la Roma, il a remporté une Supercoupe sans jouer et avec l'Inter, il n'a même pas remporté la Coupe de Lombardie. »

9 avril 2023

« Jamie a arrêté de jouer il y a quelques années maintenant. En deux ans, il a oublié tout ce qu'il faisait sur un terrain. »

Sur Jamie Carragher en mars 2015

« L'envie est le plus grand hommage que les ombres font à l'homme. »

Mars 2015

« Youssef En-Nesyri était très triste d'avoir été suspendu après avoir enlevé son maillot. Je lui ai dit de ne pas être triste, et que si j'étais à sa place, par frustration, j'aurais même enlevé mon pantalon par colère. »

Février 2023

« Je pense que Wenger est l'une de ces personnes que l'on appelle un voyeur. Il aime regarder les autres. Il y a quelques types qui, quand ils sont chez eux, ont un gros télescope pour voir ce qu'il se passe dans les autres familles. Il parle, il parle et il parle de Chelsea. »

Octobre 2005

Saint-Maximin sur Instagram :
« Quand un mensonge prend l'ascenseur, la vérité commence à monter les escaliers. »

Réponse du Mou :
« Je ne savais pas qu'il était poète. Un footballeur en forme n'a pas besoin d'ascenseur. Quand il est en retard ou en surpoids, là il a besoin d'un ascenseur. »

Mars 2025

« J'ai étudié l'italien cinq heures par jour pendant plusieurs mois pour pouvoir bien communiquer avec vous, avec l'équipe et avec les supporters. Après cinq ans en Angleterre, Ranieri avait encore du mal à dire bonjour et bonne nuit. »

En 2008

« Si même Jésus-Christ ne plaisait pas à tout le monde, imaginez-moi. »

Octobre 2012

« Je ne suis pas un entraîneur comme les autres, je suis champion d'Europe. Vous pouvez m'appeler *The Special One*. »

Juin 2004

« Si tu n'as pas de chien pour aller à la chasse, tu y vas avec le chat. »

Sur Benzema en décembre 2010

« POURQUOI T'ES NUL ? »

À Raphaël Varane en 2011

BRIAN CLOUGH
TRASH
MANAGEMENT
70c
The NEW
INCLUDED:
EVEN THE GREATEST HIMS
ASKS,
"BUT WHO IS THIS CLOUGH

BRIAN CLOUGH, trash management

L'entraîneur anglais a porté Derby County au sommet du football anglais et Nottingham Forest (deux fois) sur le toit de l'Europe avec une faconde unique, qui continue d'alimenter sa légende vingt ans après sa mort.

Laurent Favre, chef de rubrique sports, *Le Temps*

Même Mohamed Ali en a eu marre ! «*Clough, I have enough!* On me dit, jusqu'en Indonésie, qu'il y a un type en Angleterre qui parle encore plus que moi. Mais qui est ce Brian Clough ?» La plus grande gueule du football anglais, mon cher Cassius. Et l'un de ses meilleurs managers, deux fois champion d'Angleterre avec Derby County (1972) et Nottingham Forest (1978), deux fois champion d'Europe avec Forest (1979 et 1980). Dans ces deux clubs, comme à Middlesbrough, pour lequel il marqua plus de 200 buts dans une première vie d'avant-centre stoppée à 27 ans par une grave blessure, Clough a sa statue. Il a aussi sa portion d'autoroute, sa locomotive, son trophée, une vingtaine de biographies, un film (*The Damned United*) et des centaines de sites internet consacrés à ses punchlines, incroyablement arrogantes et souvent drôles.

« ROME NE S'EST PAS FAITE EN UN JOUR. MAIS JE NE M'EN OCCUPAIS PAS. »

Les plus célèbres tournent autour de la très haute opinion qu'il se faisait de lui-même. Sa plus grande erreur ? «C'est sans doute d'avoir voulu dire à tout le monde à quel point j'étais bon. Je savais que j'étais le meilleur, mais j'aurais dû faire profil bas. De toute façon, les gens auraient bien fini par s'en rendre compte par

▲ Philippe Risoli.

eux-mêmes.» Il en existe dans tous les registres. Proverbial : «Rome ne s'est pas faite en un jour. Mais je ne m'en occupais pas.» Biblique : «La rivière Trent est très belle, je le sais parce que j'ai marché dessus pendant dix-huit ans.» Statistique : «Je ne dirais pas que j'étais le meilleur entraîneur. Mais j'étais dans le Top 1.» Musical : «Tu sais que Sinatra m'a rencontré?» Petite tendresse pour ce concentré d'humour absurde dont raffolent les Anglais : «On avait une bonne équipe sur le papier. Malheureusement, le match se jouait sur herbe.»

L'avis de Brian

Bien avant José Mourinho, Brian Clough était le *Special First*. Une sorte de synthèse de Guy Roux et d'Éric Cantona. Très Auxerre, donc. Très province. Clough n'a régné que sur des petits clubs, qu'il prenait en seconde division et portait au sommet, où il pouvait laisser libre cours à ses bons mots. «La dernière fois que Nottingham s'est retrouvé cinq points devant tout le monde, c'était dans un match de cricket…» Avec Leeds United, déjà champion d'Angleterre, face à des joueurs confirmés qui ne lui devaient pas leur carrière, la greffe fit rejet au bout de quarante-quatre jours, «même pas le temps de savoir où était le boucher du quartier», ironisa-t-il, avant de prétendre que c'était «regrettable, surtout pour Leeds United».

Brian Clough a toujours été une grande gueule. On ne peut donc pas affirmer que cela soit chez lui une méthode de management. Plutôt un trait de sa personnalité dont il sut se servir. À 17 ans, au terme de sa première saison à Boro, il demande à être transféré parce que ses équipiers sont trop mauvais. Une saison plus tard, ceux-ci se liguent pour le faire virer, mais il est nommé capitaine. Un jour de 6-6 contre Charlton, il s'en prend à ses défenseurs : «Combien de buts faut-il que je marque pour qu'on gagne un match?» Le gardien de l'équipe, toutefois, entrevoit son potentiel. Il s'appelle Peter Taylor. Les deux hommes vont former un duo aussi efficace que complémentaire – aussi longtemps que Taylor supportera l'égocentrisme, les sautes d'humeur et l'alcoolisme de son partenaire.

« ON A DISCUTÉ PENDANT VINGT MINUTES ET ON A DÉCIDÉ QUE J'AVAIS RAISON ! »

L'attelage Taylor/Clough est novateur puisqu'il décompose les fonctions d'entraîneur et de manager. Taylor s'occupe du recrutement des joueurs et de la tactique, Clough d'en faire des champions. « Ce sont les mauvais joueurs qui font perdre les matchs, pas une mauvaise tactique. » Alors, il travaille les joueurs. Il peut être d'une honnêteté brutale comme d'une mauvaise foi terrible. « On a discuté pendant vingt minutes et on a décidé que j'avais raison », résume-t-il après une discussion avec un joueur. C'est des fois violents, mais l'époque l'est. « Si t'avais été un putain de cheval de course, ça fait longtemps que je t'aurais mis une balle dans la tête », dit-il à Eddie Gray, l'un des cadres de Leeds qui s'opposent à sa venue.

Il ne craint pas de s'en prendre au physique de son attaquant John Robertson (« Quand j'étais déprimé, je m'asseyais à côté de lui. En comparaison, j'étais Erroll Flynn ! ») ou de son milieu de terrain Brian Rice, si blanc qu'« un jour, la femme de ménage de l'hôtel a changé les draps sans s'apercevoir qu'il était encore dans le lit ! », mais aussi à Justin Fashanu, dont il stigmatise assez lourdement l'homosexualité dans le vestiaire.

Magic Brian

Dans le Forest du début des années 1990, les grands joueurs sont des espoirs qui se nomment Stuart Pearce, futur capitaine de l'équipe d'Angleterre, Roy Keane, futur Roy Keane, et Nigel Clough, son fils. S'il chope un jour Steve Bruce dans les chiottes « pour toutes les fois où [il] a fait du mal à Nigel », il admet aussi avoir frappé Roy Keane une fois. « Il s'est relevé, donc je n'avais pas dû cogner très fort », minimisa-t-il. L'autre facette, c'est ce trait de génie lancé au soigneur qui, éponge en main, s'apprête à pénétrer sur le terrain pour soigner le latéral Stuart Pearce, K.-O. après un choc : « Dis-lui qu'il s'appelle Pelé et qu'il joue avant-centre ! »

Et ça marchait ! « Je ne me souviens pas l'avoir entendu parler tactique ou coaching, mais avec lui comme manager, on se sentait invincible », a raconté l'ancien défenseur Larry Lloyd. « C'était un très bon coach et un homme très spécial, se souvient l'ancien ailier international suisse Raimondo Ponte. Il savait parfaitement manager le groupe, et responsabilisait beaucoup les joueurs. À la fin, c'était relativement simple : tu étais bon, tu jouais, tu ne l'étais pas, tu étais remplaçant. Mais il pouvait faire ça parce que sur un groupe de trente joueurs, il en avait vingt vraiment bons. »

« Brian était égocentrique et impossible, mais je n'aurais pas manqué un seul moment de mes années sous ses ordres. Comme manager, il était absolument magique », a souligné Martin O'Neill, le seul de ses anciens joueurs à avoir fait une grande carrière d'entraîneur. Preuve que Brian Clough était vraiment unique.

« À voir pour compléter *The Damned United*, film culte. »

L'AVIS DE **GILBERT**

fight CLUB

Materazzi, DIEU TOUT MÉCHANT

Il est le vilain en chef de l'armée des trashtalkers. Couronné par le coup de tête de Zidane en 2006, le *biopic* de Materazzi obtiendrait sans difficulté les trois « T » dans *Télérama*. Digne de Marvel, c'est un méchant très bien réussi.

Johann Crochet

Si la cuisse de Zlatan Ibrahimović, les parties génitales et la hanche d'Andriy Shevchenko ou le ventre de Gianluigi Lentini pouvaient parler, ils raconteraient la souffrance de leur première rencontre avec les crampons de Marco Materazzi. Encore célébré aujourd'hui pour sa brutalité, l'ancien défenseur de la *Nazionale* conjugue à merveille un savant mélange de talent footballistique très relatif avec une agressivité à toute épreuve. Ce qui a pu être parfois présenté comme un désir supérieur de gagner est en réalité de la pure méchanceté. «Materazzi a démontré qu'il était une personne méchante parce qu'il entrait pour faire mal, a confirmé le défenseur brésilien Lúcio il y a une dizaine d'années. J'ai joué avec lui [à l'Inter] et je l'ai entendu dire qu'il jouait pour faire mal à ses adversaires.» Il faut dire qu'aux côtés de coéquipiers de conquête comme Lúcio du temps de l'Inter de José Mourinho, Materazzi n'avait pas besoin d'ennemis !

CHEZ MATERAZZI, CETTE CAPACITÉ À FAIRE SORTIR SON ADVERSAIRE D'UN MATCH EST UN ART.

Le vrai Ballon d'or 2006.

Le foot en 2010.

Si, en NBA, le trashtalk est érigé au rang d'art contemporain, la dérive vers la bagarre ou le duel à coups de poing est finalement assez rare. Marco Materazzi, lui, a franchi le pas en 2004 lors d'un match entre l'Inter et Sienne. Alors qu'il n'est pas sur la feuille du match ce jour-là, le défenseur italien, posté au bord du terrain, prend pour cible Bruno Cirillo. Aligné sur le côté droit, ce dernier doit contenir l'Argentin Kily González. Materazzi encourage ses coéquipiers à insister sur le côté de Cirillo. Le défenseur de Sienne n'est rien d'autre qu'un «bourrin», *dixit* l'expert en la matière. La fin du match arrive. Les deux artistes s'invectivent dans le tunnel. Materazzi dégaine à l'improviste sa plus belle salade de phalanges directement sur le visage de Cirillo. Celui-ci se précipite devant les caméras pour montrer au monde sa lèvre ensanglantée. Quoique protégé par les dirigeants de l'Inter, Materazzi n'échappe pas à l'inévitable : huit matchs de suspension. Dans sa motivation, la Ligue italienne de football évoque «l'absence totale de contrôle» du joueur et un «risque élevé de récidive».

Numéro 10 du trashtalk

Materazzi est un habitué du trashtalk. Ce que l'on appelle, de façon plus poétique, «entrer dans la tête de son adversaire». Rugueux et hargneux, le défenseur de l'Inter n'a aucune limite, ni avec sa bouche ni avec ses crampons. Dans un duel, il lui est arrivé de rater un ballon, plus rarement le joueur. Même sans ballon aux alentours, son attention est quand même tournée vers l'adversaire. L'objectif? Ne pas le laisser respirer. Le submerger de coups d'un côté, et de mots crus de l'autre. Materazzi manie l'insulte et la provocation comme personne. Son thème favori est tantôt le niveau de son adversaire (un comble), sa dégaine ou les sentiments plus profonds comme la famille. Zinédine Zidane l'a expérimenté lors de la Coupe du monde 2006. Son coup de boule rageur est venu répondre à une énième parole déplacée au sujet de sa sœur. Ils en avaient tous rêvé, Zidane l'a fait.

Chez Materazzi, cette capacité à faire sortir son adversaire d'un match est un art. C'est une démarche créative, voire artistique. Et comme dans tout art, chacun y voit ce qu'il veut, selon sa propre sensibilité. En Italie, beaucoup demeurent admiratifs de ce personnage ultraviolent, symbole d'un autre football, celui où tout était presque permis, loin du VAR et des supers ralentis. L'antihéros peut aussi être parfois très populaire. Plus l'Italie peine à trouver les dignes héritiers des Cannavaro, Baresi et Nesta, plus son nom revient à l'esprit. Si son talent relatif a fait de lui un joueur moyen+ de Serie A, il a su maximiser ses qualités, jusqu'à devenir champion du monde avec la *Nazionale*. Un exemple d'optimisation.

Mi-football, mi-MMA

Ceci explique la relation ambiguë qu'a toujours entretenue la presse italienne avec le défenseur italien. Si elle a souligné en grande partie la fourberie de Materazzi et la cruauté de mots qu'on ne devrait pas entendre sur un terrain de football, elle n'a jamais pu s'empêcher de se délecter de l'issue d'une finale de Coupe du monde qu'il a fait basculer en un instant – ce coup de boule rappelle, au passage, l'autre coup de boule empreint de frustration de Zidane contre Hambourg, en Ligue des champions, six ans plus tôt. Le discours est aujourd'hui différent. Mais en Italie, la fin a longtemps justifié les moyens. Les roublards le voient comme une perte d'identité, les plus évolués comme une uniformisation européenne bienvenue. Les crampons raccrochés, Materazzi a expliqué que ce coup de boule l'avait aussi desservi. Ce geste «ne rend(r)ait pas justice à sa carrière ». Faux, il en est la parfaite illustration.

Le Top 5 de Materazzi confirme cette trajectoire. Ce but marqué en finale du Mondial 2006 en constitue le seul et unique composant positif. Pour le reste, c'est un CV mi-football, mi-MMA : un but contre son camp mémorable de 40 mètres avec le maillot de l'Inter sur la pelouse d'Empoli, le coup de tête de Zidane après son trashtalk, le coup de poing à Cirillo, la violence de chaque contact sur Shevchenko lors les derbys milanais.

Aussi à l'aise dans une finale de Coupe du monde que dans un match de milieu de saison en Serie A, Marco Materazzi est un caméléon du trashtalk, capable de s'adapter à l'environnement spécifique de chaque match. Au fond, il a passé sa carrière à compenser par sa voix ce que ses pieds étaient incapables de créer. Un numéro 10 du trashtalk. Une référence. Jamais pour le meilleur, souvent pour le pire. Enfin, ça dépend du point de vue.

IL A PASSÉ SA CARRIÈRE À COMPENSER PAR SA VOIX CE QUE SES PIEDS ÉTAIENT INCAPABLES DE CRÉER.

EMILIANO MARTÍNEZ, TRASH CULTURE

À lui seul, il a fait dégoupiller toute l'équipe de France en 2022. Dibu Martínez est le digne représentant de la culture argentine du parler sale. Conseil : bouchez vos oreilles et frappez fort au milieu.

Chérif Ghemmour

"T'AS VU ? JE L'AI ARRÊTÉ AVEC LE MOLLET !"

Extatique, sourire diabolique, les yeux exorbités pleins phares, Dibu toise Kolo Muani avant son tir au but, lui rappelant son duel perdu à l'ultime minute des prolongations. Emiliano Martínez soumet l'attaquant français à son impitoyable *barrage of trashtalk*, conceptualisé pour lui par les médias britanniques depuis son grand numéro à la Copa América 2021 remportée au Brésil. Chez lui, les tirs au but étant autant un exercice d'adresse qu'un duel verbal, il avait foudroyé en demies le deuxième tireur colombien, Davinson Sánchez, de son célèbre « *Lo siento pero te como, hermano* » (Désolé, mais je vais te manger, frérot), avant de stopper son shoot, puis celui de Yerry Mina, exécuté aussi d'un « *Te como, hermano!* »

Cet épisode, relaté par *So Foot* en mars 2023, décrit à merveille la *viveza* qui infuse le foot argentin, ce mix particulier fait de vice, de provocations, de chambrage et, parfois, de coups de latte en traître… Après avoir encaissé le premier tir au but de Mbappé, « Emi » avait sauté de joie devant Lloris après avoir stoppé celui de Coman. Au tour de Tchouaméni : Dibu balance le ballon au loin dans la surface. Aurélien tire à côté ! Le *penalty killer* le charrie illico de sa danse des épaules. « J'ai essayé de jouer avec lui mentalement en jetant le ballon, en lui parlant et il a tiré à côté. Il s'est chié dessus », avait rapporté Eurosport le lendemain de la finale… Après le shoot tout de même réussi par Kolo Muani, Montiel avait ensuite donné la victoire mondialissime à l'Argentine !

"UNE MINUTE DE SILENCE POUR LA MORT DE MBAPPÉ."

Emiliano Martínez

PAUVRE KYLIAN

L'acte 2 du chambrage d'Emiliano se déroule dans le vestiaire des vainqueurs où le portier héroïque lance bruyamment : « Une minute de silence pour la mort de Mbappé. » L'acte 3 vise toujours le pauvre Kylian avec une poupée à son effigie exhibée moqueusement par le vilain *Villan* sur le bus à impériale lors du défilé triomphal dans les avenues de Buenos Aires. Un an plus tard, dans *France Football*, Emi clouera aussi le cercueil de Lloris-le-niais («Déstabiliser l'adversaire en jouant avec la limite, je ne sais pas le faire », avait-il chouiné) : « Hugo a dit ça parce qu'il a perdu, sinon il se serait tu ! »
Cet acharnement heurte notre orgueil national. Rien d'étonnant, pourtant, rappelle l'Argentin Alejandro Valente, ancien directeur des Sports de RFI : « Ces provocations anti-françaises remontent aux propos de Kylian Mbappé avant la Coupe du monde au Qatar stigmatisant les nations sud-américaines ("Leur football n'est pas aussi avancé qu'en Europe. C'est pour ça que lors des dernières Coupes du monde, ce sont toujours les Européens qui ont gagné", avait déclaré Mbappé). Ces propos ont beaucoup choqué les Argentins, d'autant plus qu'ils s'étaient convaincus que Messi, l'idole nationale, avait été dédaigné au PSG, au détriment de Mbappé, justement. Cette envie de lui faire ravaler ses mots, Emiliano Martínez s'en est chargé ! Et puis, il flottait aussi un désir de revanche après l'élimination argentine par les Bleus au Mondial 2018. » Pas faux…

AU LUSAIL STADIUM DE DOHA, SON GRAND ÉCART SALVATEUR FACE À KOLO MUANI N'A EU D'ÉGAL QUE SES ÉCARTS DE LANGAGE.

Non appelé en sélection à cette époque où il galérait de prêt en prêt, expédié par son club, Arsenal, « Emi » avait vécu à Kazan avec son frangin, en simples supporters, le giclage de l'*Albiceleste*, narrait-il dans *France Football* : « Sur le chemin du retour vers notre hôtel, je lui ai dit qu'au prochain Mondial, ce serait moi qui garderais la cage de l'Argentine. » Et banco ! Au Lusail Stadium de Doha, son grand écart salvateur face à Kolo Muani n'a eu d'égal que ses écarts de langage chopés durant son enfance pauvre sur le *potrero* en pente de la Plaza Sicilia de Mar del Plata, sa ville natale.

« C'est là que nous avions appris le football de rue. Ils nous ont enseigné à jouer à la limite, à provoquer et à savoir répondre des "*concha de tu madre!*" [connard]. Je pense que ça a forgé sa personnalité », avait rembobiné pour *So Foot* Guido Lucero, son ami d'enfance passé par la réserve de Vélez.

AUJOURD'HUI, À LA CANTINE

Et puis la *viveza* a escorté les sommets atteints par Dibu à la Copa América (champion en 2021 et 2024) et à la Coupe du monde 2022. « Les Argentins sont, par nature, très chambreurs, sourit Valente. Ils sont beaucoup dans la provocation, ne font pas dans la langue de bois : ils disent les choses. Rappelez-vous Gallardo en France... En ce sens, Dibu est très argentin, trop même. Jusqu'à porter ces excès à la quintessence ! À tel point qu'en plus de son talent, c'est aussi son caractère et son franc-parler qui en ont fait une véritable idole en Argentine. Notamment auprès des enfants qui l'adorent. Ils l'imitent en voulant devenir gardien et en reprenant ses saillies verbales ("*Mira que te como, hermano !*", Regarde-moi te manger, frère !) ou d'autres propos qui peuvent parfois choquer les parents ! »

► **Humour argentin.**

Dans *France Football* de novembre 2023, ce sacré Emiliano avait confessé avec franchise que la fixette revancharde sur Mbappé provenait évidemment de la peur qu'il avait inspiré à l'*Albiceleste* (« il nous a fait souffrir, oui »). Ses comportements limites après la victoire contre la France relevaient aussi d'un exorcisme personnel de toutes ses années de frustrations à Arsenal. « Oui, ce sont des moments d'adrénaline et de tension où peuvent alors ressortir des choses dont j'ai souffert. D'une certaine manière, ce sont aussi des gestes adressés à des personnes qui n'ont pas cru en moi. »

L'Emiliano qui essaye de dompter ses excès avec l'assistance d'un psy anglais, David Priestley, a repris son chambrage anti-français avec Aston Villa à Lille en 2024 (provocs lors des TAB) et contre le PSG en 2025 (casquette aux logos moqueurs). Pas si grave, philosophe Alejandro Valente : « Le football argentin a toujours eu besoin de se trouver un bon ennemi. Nos adversaires habituels sont le Brésil, toujours, et l'Angleterre, un peu moins maintenant. Or, la France est aujourd'hui passée au premier plan. » Traduction ? L'Argentine, numéro un du foot mondial de sélections, a donc désigné sa plus redoutable Némésis : la France ! Une belle marque de respect malgré les vacheries, non ?

KNYSNA,
généalogie d'une insulte

À quel moment les mots placardés sur la célèbre « une » de *L'Équipe* en 2010 (et attribués à Nicolas Anelka) sont-ils une insulte ? Quand ils sont prononcés ou quand ils sont rapportés ? *Explicit lyrics*.

Ollivier Pourriol, philosophe

Quand Domenech envisage sérieusement de sélectionner Anelka pour la Coupe du monde 2010, il fait le déplacement à Londres pour le rencontrer chez lui, un mois avant le début de la compétition. Il écrit, *a posteriori*, non sans amertume : « Je voulais vraiment savoir ce que Nicolas Anelka avait dans la tête, ayant toujours aimé les causes perdues. » En bref, « Anelka ne cherchait pas à régler un problème, mais posait une revendication : il voulait jouer "libre", libre de toucher le ballon quand il le voulait, dans la zone où il le voulait, sans un regard pour les intérêts ni les équilibres des Bleus. » Dans son journal, le soir même, il note : « Il veut que je définisse le cadre des autres, mais pas le sien. Voilà, j'ai un ego de plus... »

Difficile de dire que Domenech ne savait pas où il mettait les pieds. Vous connaissez la blague. Un entraîneur annonce la constitution de l'équipe à ses joueurs et dit : « Toi, Riri, tu vas jouer avant. » Riri proteste : « Ah non, c'est pas juste, moi je veux jouer en même temps que les autres ! » Anelka a beau être plus malin, c'est à peu près la même situation. Domenech veut qu'il joue devant les autres et dans l'axe, en position d'avant-centre, pour attendre les ballons et marquer. Anelka préfère décrocher et revenir au milieu, pour aller chercher le ballon. En quittant sa zone, il condamne l'équipe à tourner en rond, puisqu'il n'y a plus personne à qui faire de passe en profondeur. Logique.

Un mois plus tard, rien n'a changé. France-Mexique, deuxième match du premier tour. Un match de Coupe du monde et Anelka reste en retrait, dans tous les sens du terme, puisqu'il est transparent sur le terrain, passif, absent, et ne remplit à aucun moment la fonction que lui a assignée l'entraîneur. À la mi-temps, Domenech essaie de secouer son attaquant boudeur. Il rapporte la scène, deux ans plus tard, dans son autobiographie *Tout seul* :

> *« J'avais demandé de la profondeur,*
> *et toi, Nico, sur le premier ballon, tu restes*
> *là, sans bouger. Va en profondeur, vas-y !*
> *[...] Il s'est remis à parler, mais à Ribéry,*
> *sans me regarder, comme si je n'étais pas là :*
> *– Il m'emmerde ! C'est quoi, ça ?*
> *Toujours moi !*
> *Patrice Évra a alors essayé d'éteindre*
> *le feu qui couvait :*
> *– Ça va les gars, on se calme, il reste*
> *une mi-temps à jouer, on est bien...*

KNYSNA
GÉNÉALOGIE D'UNE INSULTE
APPROVED BY THE ALVASTUDIO7 CODE AUTHORITY
NO. 1
STILL ONLY 35¢
CENSORED
CLASH
ANELKA - DOMENECH

UNE INTERJECTION EST, SELON LES CAS, UN EXUTOIRE VOCAL OU UNE SIMPLE HABITUDE.

► **Salut l'artiste.**

Mais Anelka ne s'est pas calmé, et a lancé :
– Enculé, t'as qu'à la faire tout seul, ton équipe de merde ! J'arrête, moi... »

Je n'ai pas tout entendu. La fin de la phrase m'a échappé dans le brouhaha. Bizarrement, j'ai été moins choqué par l'insulte que par le tutoiement, qui cassait une barrière, celle des fonctions, des âges, de la hiérarchie. »

Va te faire enculer

Avant d'aller plus loin, un peu de linguistique. Pourquoi Domenech est-il moins choqué par l'insulte que par le tutoiement ? C'est que l'insulte est relative. Prenons « Putain ! », par exemple. Adressé à quelqu'un, c'est une insulte. Mais quand on se cogne dans quelque chose, ça devient une interjection. Ou encore mieux, prenons « Merde ! ». On peut le dire à quelqu'un, et c'est une insulte, ou le dire à soi-même, pour manifester sa frustration, exorciser son exaspération en l'extériorisant.

Une interjection est, selon les cas, un exutoire vocal – une violence verbale que l'on jette en travers et à la place de la violence physique –, ou une simple habitude. Il faut avoir entendu parler des joueurs de foot professionnels pour savoir que le mot « enculé » – ou même, tiens, « Va te faire enculer ! » – est pour certains l'équivalent de « Putain ! » à Marseille. Il a la même valeur qu'une virgule ou qu'un mot à valeur phatique, c'est-à-dire de pure mise en contact, comme « Allô ? ». « Allô », « putain », « enculé » sont, de ce point de vue, des synonymes. Le mot peut même avoir une valeur amicale : « Allô, putain, tu m'as manqué, enculé ! » Mais, surtout, la plupart du temps, il n'a aucune valeur, c'est un mot de liaison, presque une conjonction de coordination ou un tic de langage, comme les gens qui parsèment leurs phrases de « globalement », « au fond », « du coup » et autres « forcément ». « Enculé » est donc, au choix, une insulte ou une interjection. Et, dans le cas qui nous occupe, probablement un subtil mélange des deux.

Bref. Domenech fait sortir Anelka, de toute façon inutile sur le terrain, et fait rentrer Gignac. « La seconde mi-temps fut un enfer. Anelka avait tué le groupe. Nous avons fait n'importe quoi. » La France perd 2-0.

Sale fils de pute

Le lendemain de la défaite, le samedi 19 juin, *L'Équipe* étale en « une », en gras, en capitales et entre guillemets : « Va te faire enculer, sale fils de pute ! » C'est écrit tellement gros que le lecteur, dans un premier temps, a le droit de penser qu'il est pris à partie personnellement. Pour une fois, il peut vraiment se sentir à la place de Raymond Domenech.

Le soir même, Anelka se fend d'un communiqué : « Je tiens à préciser que les mots qui

UN MOT CHANGE DE SENS QUAND IL EST RÉPÉTÉ, ET DE NATURE QUAND IL EST PUBLIÉ.

sont sortis dans la presse ne sont pas mes mots.» Pourquoi ne prend-il pas la peine de les corriger? Thierry Henry résume le sentiment commun, en forme d'aveu : «La différence, c'est que c'est sorti et que ça a pris une autre ampleur.»

Quand les joueurs disent que l'insulte n'aurait pas dû sortir du vestiaire, ils ont raison. Avant, l'insulte n'en était pas encore une. Elle l'est devenue quand elle a été imprimée à la « une » de *L'Équipe*. Les journalistes de *L'Équipe* plaident non coupables. Ils ont peut-être fourni l'allumette, mais c'était leur boulot, non? Ça se discute. Vous connaissez l'histoire de Diogène, le philosophe qui vivait comme un chien et en avait le mordant? Un jour, un importun vient lui rapporter qu'Untel l'aurait insulté. Diogène le récompense en lui donnant un coup de bâton. Comme il proteste et ne comprend pas pourquoi il est puni pour les paroles d'un autre, Diogène lui met les points sur les « i » : «Je ne sais pas si Untel a vraiment dit ce que tu prétends qu'il a dit, mais toi, tu viens de le faire.»

Répéter une insulte sous prétexte que c'est une information, c'est un peu court. Un mot change de sens quand il est répété, et de nature quand il est publié. Au fond, l'insulte n'existait qu'à moitié tant qu'elle se limitait au vestiaire, elle n'était qu'un déchet verbal, une réaction quasi privée, c'est sa publication qui lui a donné véritablement naissance. Anelka a fait une passe décisive, certes, mais c'est *L'Équipe* qui a marqué l'insulte. Le naufrage de 2010, faut-il s'en réjouir, fut une œuvre collective.

À lire aussi
Ollivier Pourriol,
Généalogie de l'insulte,
Robert Laffont, 2018

l'art français de partir en COUILLE

10

PIERRE BOUBY

Aujourd'hui consultant pour la chaîne L'Équipe, il n'a jamais joué plus haut qu'en Ligue 2 (250 matchs tout de même). Comment a-t-il gagné le droit de se teindre les cheveux en rose à 40 ans passés ? Grâce à ses tweets. Encore en carrière, il y racontait les phrases cultes entendues dans les vestiaires. Sur le terrain et ensuite en dehors, c'est un personnage assez drôle et un consultant pertinent. Va pour le rose.

9

NICOLAS SACHY

Le nom sent bon le Sedan des années 1990 : Pius Ndiefi, Cédric Mionnet, Olivier Quint, Smart en sponsor maillot... On est effectivement loin des Ferrari. Et Sachy est loin du niveau de Barthez. Plus que ses parades, son truc, c'est le franc-parler. Exemple : Sedan-Rennes. Il observe la descente du car breton et lâche sans se cacher : « Mais ils sont venus avec la réserve ou quoi ? » Au début des années 2000, *Téléfoot* lui offre une rubrique. L'Angleterre a Gary Lineker, la France a Nicolas Sachy. Waouh.

SACHY. LE NOM SENT BON LE SEDAN DES ANNÉES 1990.

8

JÉRÉMIE JANOT

Doublure de Mickaël Landreau au début de sa carrière chez les Espoirs, le Stéphanois devient titulaire des Verts à 26 ans. Janot dans les cages, c'est quelques saisons à jouer le maintien. La méthode est redoutable : grandes poses de détresse à la fin des matchs et larmes aux yeux pour faire oublier qu'il était (souvent) coupable sur les buts encaissés par son équipe. Mais Janot reste une légende des Verts... Parce que, lors d'un derby joué quelques jours après l'élimination de l'OL contre l'AC Milan en Coupe d'Europe (défaite 3-1 en 2006), il porte un maillot aux couleurs du club italien.

7

RÉMY VERCOUTRE

Gardien vraiment pas extraordinaire, Vercoutre, c'est tout de même cinq titres de champion de France et deux Coupes de France avec Lyon. Son talent ? Être copain avec Govou et Juninho ? Jouer à la pétanque lors des escales à Saint-Tropez chez Aulas pour fêter le titre ? Non, une place de choix sur le banc pour envoyer des vannes au banc adverse, aux joueurs le long de la ligne de touche et aux arbitres. Ça mérite bien une prolongation.

6

ÁLVARO GONZÁLEZ

Contre Messi en Liga, il envoie : « Tu es vraiment petit. » Réponse de *la Pulga* : « Et toi, tu es vraiment nul. » Álvaro Gonzalez (passé ensuite à Marseille) ne se démonte pas : « C'est vrai, nous avons raison tous les deux. » Et les deux joueurs rigolent. Messi ne marquera plus du match. Contre Neymar, ce sera de l'insulte plus classique dans le dernier OM-PSG vraiment bouillant, en 2020 (bilan : 12 cartons jaunes et 5 cartons rouges, dont un pour le Ney). Le Brésilien crie au racisme. Classement sans suite. Álvaro recommencera de plus belle au Trophée des champions.

5

EL-HADJI DIOUF

« Moi, j'étais un joueur exceptionnel. » C'est bien vendu. Mais on parle d'un joueur qui n'a atteint qu'une seule fois la barre des dix buts en championnat sur une saison. En Ligue 1 avec Lens.

El-Hadji Diouf se place lui-même au niveau des légendes africaines Samuel Eto'o ou Didier Drogba (mais très très loin niveau palmarès). « Tout le monde peut gagner une Coupe du monde. Beaucoup de joueurs l'ont gagnée en restant sur le banc. Stéphane Guivarc'h, il l'a bien gagnée. Est-ce qu'il est meilleur que moi ? » Bah, Guivarc'h, c'est 169 buts en 339 matchs (contre 72 en 509 matchs pour Diouf). Mais comme il ne l'a pas trop ouverte, il est parti vendre des piscines une fois sa carrière terminée.

4

MARIO BALOTELLI

Déjà 34 ans et la fin de carrière. Que va-t-on retenir de Mario Balotelli ? Son doublé contre l'Allemagne qui envoie l'Italie en finale de l'Euro 2012 ? Non, évidemment. Plutôt ses coups de sang, son flocage « *Why Always Me?* », les feux d'artifice dans les maisons et, bien sûr, ses déclarations lunaires du type : « Je pense être plus intelligent que la norme. Mais je vous jure que ça ne m'intéresse pas de le démontrer. » La meilleure ? « Je ne célèbre pas mes buts parce que c'est mon travail. Avez-vous déjà vu un facteur sauter de joie quand il vient de livrer un colis ? »

LENT, FRAPPE MOLLE, TECHNIQUE LIMITÉE.

3

PATRICE ÉVRA

Dans son armoire à trophées remplie, le plus précieux, c'est peut-être ce surnom : "Tonton Pat" ». Sa plus grande qualité footballistique ? Avoir servi de grand frère à Paul Pogba ? Être l'un des rares à parler avec franchise à Cristiano Ronaldo ? Pas seulement. Évra, c'est aussi des formules qui font mal. Un jour, CR7 claque un coup franc de 35 mètres contre Arsenal en Ligue des champions. Verdict du Mancunien (qui collera longtemps à la peau des gamins de Wenger) : « On a vu onze hommes contre onze enfants. »

2

JOEY BARTON

Lent, frappe molle, technique limitée : Joey Barton n'avait aucune chance de jouer au foot en même temps que Steven Gerrard, Frank Lampard ou encore Paul Scholes. Il lui restait les coups de sang et les punchlines à la Paul Gascoigne, mais sans les dribbles. Suffisant pour être recruté par l'OM. Une petite saison, le temps de constater qu'il souffrait de la comparaison avec Alaixys Romao. Il rentre quand même dans la légende… grâce au nez d'Ibrahimović, dont il se moque lors d'un PSG-OM (sa meilleure action du match).

1

ÉRIC CANTONA

Avis très risqué. Eric Cantona est un grand joueur. Mais est-ce sur sa seule *vista* qu'il a été élu « Mancunien du xxe siècle » par les supporters de United ? Être la tête de gondole de Nike dans les années 1990 n'a-t-il pas un peu aidé ? On parle d'un traitement réservé à des joueurs qui empilent les Coupes du monde, les Ligues des champions ou les Ballons d'or. Cantona n'a gagné aucun des trois. Mais, vous savez, « quand les mouettes suivent le chalutier, c'est qu'elles pensent qu'on va leur jeter des sardines… »…

«

INTERVIEW

L'ART D'ALLER TROP LOIN

Les intervenants du jour ont une longue expérience du parler sale en Ligue 1. Voici un petit manuel à l'attention des mal-appris. Attention les oreilles !

Propos recueillis par Timothée Maymon

Avec
Patrick Guillou,
ex de Rennes, Châteauroux, Red Star, Saint-Étienne, Sochaux...

Étienne Didot,
ex de Rennes, Toulouse, Guingamp

Johan Cavalli,
ex de Lorient, Créteil-Lusitanos, Istres, Nîmes, Ajaccio...

Est-ce que vous aviez la sensation d'être un chambreur ou un trashtalker ?

Patrick Guillou : J'admets que j'ai utilisé certains process pour essayer de déstabiliser mon adversaire direct. Dans des situations de gestion de fin de match, de par mon comportement ou mon verbe facile, j'ai réussi un certain nombre de fois à en déséquilibrer certains.

Étienne Didot : (*Il éclate de rire.*) Ça fait partie de ma personnalité, de là où j'ai grandi. Mon père tenait un bar et il était président d'un club amateur. J'ai grandi dans des vestiaires d'adultes. Il y avait des discussions de comptoir et finalement, le chambrage, la répartie. Ce sont des choses qui me sont venues toutes seules car je les ai observées très jeune et j'ai dû me défendre très tôt.

Johan Cavalli : (*Il rigole.*) Ça a toujours été dans ma nature, j'ai toujours eu besoin de parler avec mon adversaire, d'échanger, de vanner. Le football, c'est un sport professionnel, certes, mais c'est aussi un jeu et donc je l'ai toujours pris avec sérieux. Même si ça peut paraître paradoxal. Et pour moi, dans le jeu, il y a du chambrage. Je suis comme ça dans la vie, quand je joue au ping-pong avec mes enfants, je parle, je chambre. Quand je joue au tennis ou au padel, j'ai besoin d'échanger avec mon adversaire, de jauger là où il en est psychologiquement. Ça permet de voir où est l'autre et sur un terrain de foot, avec la pression des enjeux, c'est démultiplié. J'avais l'impression de pouvoir prendre le dessus, mais tout en restant marrant parce qu'en fait, c'est ça ma personnalité.

En quoi consiste l'art du trashtalk ?

PG : L'idée, c'est de faire passer ton message sans que l'arbitre ni toute l'équipe adverse l'entendent. Il faut trouver la faille qui va faire sortir ton adversaire direct du match. Ça existe encore dans le basket ou dans le football US, mais j'ai l'impression que ça disparaît actuellement. On ne voit presque plus de joueurs dégoupiller au plus haut niveau.

ED : C'est avant tout de la répartie. Comme dans une conversation, c'est l'art de savoir à quel moment on peut lâcher une bombe. Et sur le terrain, ça marche aussi. Il faut savoir chambrer gentiment. Il faut repérer quand l'adversaire est dans le dur. Tu appuies pour le faire sortir de son match. Et là, oui, ça fait mal. Je ne sais pas s'il y a un « art », je pense que c'est une question de personnalité.

Concrètement, quelles sont les méthodes que vous employiez ?

PG : *(Il réfléchit puis il se marre…)* Utiliser certains mots qui peuvent faire dégoupiller l'autre… Dans un moment de stress et d'émotion très intense, si tu es capable de trouver l'étincelle qui va embraser ton vis-à-vis, tu as gagné. Il y a la parole, mais il y a aussi certains gestes. Le mécanisme est le même. Tu commets une grosse faute sur ton adversaire, tu vas le relever, tu lui passes la main dans les cheveux d'une façon qui puisse paraître fair-play, mais dans le même temps tu lui tires sur l'oreille discrètement : ça agace ! Tu peux avoir face à toi un joueur qui a créé des polémiques ou qui est impliqué dans un fait divers, tu peux t'en servir. Moi, j'aimais bien utiliser cette réplique de film en demandant à mon adversaire : « Tu as des photos de ta femme à poil ? » Avant de lui dire : « Parce que moi, j'en ai ! » Puis j'ajoutais : « Tu sais comment je les ai eues ? C'est un de tes coéquipiers qui me les a données… » C'est puéril, raconté comme ça, mais à certains passages du match où la lucidité disparaît, ça peut faire mouche. Une fois, j'ai utilisé ça, le mec s'est retourné, il m'en a collé une, il a pris un rouge et on a gagné.

ED : C'est un sport de duels, et parfois sur le terrain, c'est comme quand deux frères se chamaillent gentiment, et puis une fois de temps en temps, ça part en cacahouète. Pour moi, il n'y a pas de mal à trouver la petite phrase qui va faire sortir l'adversaire de son match. Il a le droit de se défendre. C'est juste un duel, mais avec la bouche.

JC : Moi, c'étaient des vannes au second, voire au troisième degré, mais mêlées à mon caractère que l'on voyait sur le terrain, donc c'était parfois virulent, mais des insultes, non ! Ça ne me ressemble pas.

C'est un procédé accepté par tous ? Ça crée des inimitiés à long terme ?

PG : *Ad vitam*, peut-être pas. Mais une fois le match terminé à chaud, certains ont besoin de l'extérioriser et ça se traduit par des bagarres dans les couloirs, ou vers le bus quand tu joues à l'extérieur. Mais le joueur dont je vous parlais qui m'en a collé une, je l'ai revu ensuite à Paris. On s'est croisés dans un restaurant, puis on s'est retrouvés par la suite à la même table et aujourd'hui on en rigole. Pourquoi ? Parce qu'à froid, il y a une analyse sereine

Quand le prof annonce une interro surprise et que t'as pas révisé.

« UNE FOIS, DE TEMPS EN TEMPS, ÇA PART EN CACAHOUÈTE… »

Étienne Didot

de la situation, il y a du recul. Mais en plein match, il n'y en a pas, on est dans le vif. Ça m'est arrivé à moi aussi.

ED : Non, pas d'inimitiés particulières. En revanche, ce qui est vrai, c'est que j'ai recroisé des joueurs ensuite. Certains s'étonnaient du fait que je sois sympa et avenant : « Vu comme tu étais sur le terrain, je ne t'imaginais pas comme ça ! » Sur le terrain, tu fais tout pour gagner. En dehors du terrain, c'est autre chose, une autre vie. Les joueurs le savent entre eux. Ce n'est pas parce que tu insultes un gars pendant une rencontre avec de la pression que tu ne vas pas passer un bon moment avec lui deux jours après dans un autre contexte.

JC : Si tu entres dans ce jeu-là, tu dois accepter que ça se retourne contre toi. J'ai connu des joueurs ou des coéquipiers avec des grandes bouches, mais qui détestaient être chambrés ; pour moi, ça ne marche pas. Mais en fait, c'est toute l'histoire du trashtalk : chambrer quelqu'un qui ne l'accepte pas, c'est déjà avoir gagné. Non, pour moi, il est essentiel, si tu parles beaucoup sur un terrain, d'accepter qu'on te parle en retour, sinon tu restes muet pendant 90 minutes. Certains sont comme ça d'ailleurs.

Ça se prépare le trashtalk ?

PG : Je ne dirais pas que ça se prépare, mais il faut savoir saisir dans l'actualité des faits, éventuellement des faits divers, des rumeurs qui entourent l'équipe adverse et, le jour du match, ressortir la bonne phrase au moment où l'autre ne s'y attend pas. Donc je ne dirais pas que ça se prépare, en revanche, tu écoutes, tu lis en te disant : « Ça peut servir. » Aujourd'hui, avec les réseaux sociaux, ça doit être encore plus facile d'avoir une punchline au chaud dans un tiroir mental, en te disant que tu pourras la sortir à un moment opportun.

ED : (*Il rit.*) Moi, je n'ai jamais fait ça. C'était toujours du chambrage spontané. Il n'y avait pas de préméditation, je ne rentrais pas sur le terrain en me disant que j'allais cibler tel ou tel joueur. Quand tu as grandi dans un bar pendant vingt-cinq ans, tu apprends à te faire chambrer et à savoir répondre dans la seconde, c'est très intuitif.

JC : Je ne rentrais pas sur le terrain en me disant que j'allais « me faire » Untel. C'était plutôt en fonction du match, lâcher une petite blague, un petit chambrage pour déstabiliser l'adversaire. Je parlais souvent au gardien adverse, car son degré de concentration est différent du nôtre. Nous, on touche le ballon régulièrement, on passe donc facilement à l'action d'après. Le gardien est dans une concentration différente, plus difficile. Mais dans mon cas, ce que je disais tenait toujours de la déstabilisation, *via* la rigolade. Je visais aussi les joueurs que je connaissais et contre qui j'avais beaucoup joué.

Ça s'est parfois retourné contre vous ?

PG : Je me souviens d'un match à Calvi, je jouais en équipe réserve, et après 9 minutes de jeu, ça part en bagarre générale. Et en fait,

« TU DOIS ACCEPTER QUE ÇA SE RETOURNE CONTRE TOI. »

Johan Cavalli

deux ans avant, j'avais branché un mec, mais moi, j'étais passé à autre chose et je ne m'en souvenais pas. Lui, en revanche, s'en souvenait encore et avait passé «un contrat» sur moi. (*Il rigole.*) J'ai aussi un souvenir à Ajaccio d'un excellent joueur, mais un peu diva, à qui j'ai mis un coup de santiag dès que j'en ai eu l'occasion. Ensuite, ça a chauffé dans le couloir du stade, sauf que j'avais oublié que quelques années plus tôt, avec Mulhouse en D2, je l'avais déjà bousculé. Et du coup, quand on s'est retrouvés, c'est monté très vite...

JC : Je ne crois pas au contexte corse, c'est vraiment un cliché. Je ne dis pas que ça n'a pas existé il y a trente ans, mais aujourd'hui les matchs sont standardisés par la Ligue, les joueurs corses ne se comportent pas différemment des autres, ni à domicile ni à l'extérieur. Quand j'étais capitaine, je disais souvent à mes joueurs que c'était justement à l'extérieur que l'on voyait les vrais hommes.

Un bon trashtalk peut-il aussi te permettre de rentrer dans ton match ?

ED : Totalement, on a tous des façons différentes de se mettre dans une rencontre. On voit bien Emegha à Strasbourg, il a besoin d'être en guerre contre quelqu'un ou quelque chose pour être au top dans un match. Moi, je me souviens de Cahuzac, au bout de 5 minutes, il t'insultait sur le terrain, c'était systématique. J'aimais bien ça et j'étais un peu pareil. Finalement, ça lançait la joute. Paradoxalement, je n'ai jamais eu de doute que ce soit une bonne personne en dehors, mais sur le terrain, il pouvait arriver de 60 mètres, te mettre une boîte, t'insulter en te relevant... C'était sa façon de dire bonjour !

Meilleure action d'Étienne Didot en 2015.

La facilité technique d'un joueur comme Neymar peut-elle faire l'effet d'une insulte?

PG : C'est vrai, mais c'est encore un cas différent. Neymar te déstabilisait balle au pied. Ensuite, il savait anticiper les fautes, il les surjouait, se relevait et était capable ensuite de t'envoyer la petite punchline qui énerve. Vu son jeu, c'était aussi un mécanisme de protection chez lui.

ED : Honnêtement, oui, qui n'a jamais enragé face à un joueur tellement plus fort que soi? C'est aussi une question de moment du match. Le mec qui tente un coup du sombrero ou un petit pont à 0-0, moi, je dis chapeau, car il y a de l'enjeu et il le fait pour être efficace. En revanche, le mec qui fait ça à 3-0, à deux minutes de la fin, tu n'as qu'une envie, c'est de le découper. Et dans le cas de Neymar, je crois qu'il faisait des gestes comme ça, peu importe le moment. Je respecte ça. Chapeau l'artiste. Avec moi, ça s'est toujours très bien passé, quand je l'ai affronté. J'étais presque toujours capitaine, il devait se dire qu'il avait un dégarni face à lui et que ce n'était pas la peine d'en rajouter! Mais je le perçois comme un joueur avec deux personnalités, celle du joueur chambreur et petit con, et puis les moments où il exprime son talent et où il est dans l'incompréhension de voir les joueurs virulents avec lui.

Ce n'est pas un exemple de fair-play, mais est-ce que vous vous disiez qu'après tout, si ça permet de gagner...

PG : La question philosophique, c'est : est-ce que tous les moyens sont bons pour gagner? J'en suis revenu. Mais quand tu es plus jeune, que tu as moins d'expérience, tu te dis que si ça te permet de gagner un match, pourquoi ne pas le faire? Avec le recul, non. Tous les moyens ne sont pas bons pour gagner, on ne peut ni le cautionner ni le valider. Je sais qu'aujourd'hui, je n'ai pas envie de jouer avec les failles des gens.

ED : Dans un match à pression, ton comportement physique mais aussi verbal peut d'abord transmettre de la confiance à tes coéquipiers qui se disent : «OK, Étienne, il est dedans aujourd'hui», ça peut motiver tes coéquipiers. Et puis, pour sortir l'adversaire de son match, parfois, ce n'est pas compliqué. Si tu as un jeune face à toi, il suffit de provoquer une échauffourée pour le sortir de sa concentration et de la façon dont il avait imaginé la rencontre.

Patrick Guillou, *best skills* 1997.

« LE MEC S'EST RETOURNÉ, IL M'EN A COLLÉ UNE, IL A PRIS UN ROUGE ET ON A GAGNÉ. »

Patrick Guillou

JC : J'ai très vite compris que certains joueurs n'étaient pas à même de concilier sérieux et chambrage et donc, dans certains cas, c'était plutôt facile de les faire disjoncter avec quelques vannes, quelques mots bien sentis.

Est-ce que vous faites une différence entre le chambrage et le trashtalk ?

PG : Le trashtalk, c'est une définition américaine qu'on a ajoutée au chambrage… Moi, je n'ai pas fait de centre de formation, je ne sors pas d'un moule, je ne suis pas conditionné… Pour moi, le foot, c'était un jeu. Donc chambrer, c'était une partie de ce jeu comme quand tu chambres dans le vestiaire ou dans la cour d'école. Il n'y avait alors pas de stratégie. La différence, c'est peut-être la préméditation. Je me rends compte aussi que j'ai certainement pu blesser des gens sur l'instant. Sur la durée, je ne pense pas. De 20 à 30 ans, on marque son sport à sa façon et de 30 à 35, on marque les esprits. De Châteauroux, en passant par Sochaux ou Saint-Étienne, mes anciens coéquipiers avaient beau dire que j'étais un fou, un fada ou un chambreur, j'ai conservé une relation forte et sincère avec eux.

ED : J'ai fait les deux : chambrage et insulte. Parfois, je chambrais avec le sourire en coin, parfois, tu insultes ton adversaire. Ce n'est pas joli, mais ça arrive tout le temps, la pression veut ça en partie. Tu peux parfois insulter, parfois faire une remarque sur un geste raté par l'adversaire, parfois passer un petit pont et le lui rappeler tout le match. Mais en faisant ça, il faut surtout savoir soi-même ne pas sortir de ton match. Si tu en fais trop, si tu forces ce trait de ta personnalité, tu peux risquer de sortir de ta rencontre aussi.

L'insulte fait donc partie du foot professionnel, c'est « accepté » ?

ED : Oui, mais je pense que le foot amateur n'est pas en reste. De mon expérience en football amateur, il y a toujours eu des insultes qui volaient. Peut-être que c'est moi qui provoque ça… (*Rires.*) Mais dans le football, ça fait partie du décor, en fait. Tu te fais insulter par tout le monde, les supporters t'insultent, l'adversaire t'insulte… Mais ça ne m'a jamais choqué, je parlais de Cahuzac qui m'insultait, mais que ce soit lui ou d'autres, ce n'est jamais un comportement qui m'a déçu de la part d'une personne, ce n'est que le rôle endossé dans un match.

« Ne ratez pas la pub à droite, c'est du lourd. »
L'AVIS DE **GILBERT**

RMC
INFO TALK SPORT
PRÉSENTE
VOTRE NOUVELLE CHAÎNE
100% AFTER FOOT
DÉSORMAIS SUR TOUS VOS ÉCRANS
AFTER
FOOT
TV
RMC BFM play
YouTube
Samsung TV Plus
TCL
LG
molotov.tv by fubo
free
SFR
CANAL 31
CANAL 29/107

DIMANCHE AU VEL'

Le dimanche, c'est le jour du stade. Marseille est électrique, du nord au sud, elle suinte le foot. Le dimanche au Vel', c'est l'âme de Marseille, partout. En tribune, ça parle un autre langage.

Emmanuelle Luciani, artiste

Les heures qui précèdent le match, la ville est pleine. La foule se bouscule aux entrées du stade. Je veux toujours passer par l'entrée principale, avec ses grands escaliers qui donnent sur la façade. Même si l'édifice a beaucoup changé, l'entrée côté Prado reste la porte principale, l'arche d'honneur. Pour moi, ne pas passer par là, c'est déjà m'enlever la moitié du plaisir. Je dois vivre la montée des marches, sentir la foule. Je vois toujours le même personnel, qui accueille patiemment les supporters aux portiques. Les femmes qui me fouillent me reconnaissent, détaillent le contenu de mon sac, puis me laissent passer. On se dit toujours un mot, elles ont toujours quelque chose de beau sur elle. Habillées en sécu, elles ont un détail, un ongle rose. Sur moi, je n'ai rien d'autre qu'un tube de rouge à lèvres ou du liquide. D'autres parviennent à faire passer des pétards et des fumigènes. J'entre par Jean-Bouin. On pénètre dans un autre espace-temps, où les « va niquer ta mère », « la con de tes morts », qu'on entend dès la queue et les portiques sont des formules plus que des injures.

Je gravis les escaliers, où l'on voit les entrailles du stade. Sous le métal et le béton résonnent des cris, des discussions animées, des insultes. Je refais surface, la pelouse face à moi. De minuscules silhouettes, la plupart en noir, bleu ou blanc, se répandent dans les gradins. Je m'assois sur un siège de plastique usé, comme à la messe. Une messe où plane une odeur de clopes, de joints et de bière renversée. Distordue par l'acoustique du lieu retentit « J'oublie tout », de Jul, jouée à chaque match.

LE VÉLODROME EST LE SEUL ENDROIT OÙ SON PÈRE LUI PERMET DE DIRE DES HORREURS.

L'ouverture se fait toujours en fond de « J'oublie tout ». La chanson symbolise la bulle qu'est un match au Vélodrome : un moment unique, où tout le reste ne compte plus.

Les supporters ont fait de Jul un prince de la ville, car Marseille adoube des idoles qui disent la vérité. Pour ça, la ville est honnête. Jul dit tout de la catharsis des gradins, de l'égalité dans la ferveur du stade. Ce soir « J'oublie tout » est écoutée et scandée par tout le monde, dans un acte de foi et de trash. Elle permet de faire le vide avant l'affrontement. Quand Jul dit : «La vie est courte», qu'on entend quelques «la con de tes morts» dans le public ou qu'on voit un tifo commémoratif, on comprend que le stade est aussi un endroit où l'on vient célébrer les disparus.

«Va niquer tes morts»

Le public s'installe, les hommes se préchauffent. Ils se traquent entre eux. Je reconnais des mecs. On voit souvent les mêmes têtes. On blague entre nous, sans connaître nos noms. Les premiers pétards agricoles explosent. Avant le match, c'est aussi le moment où les supporters des groupes, Fanatics, South Winners, etc. se coordonnent pour mettre en place les tifos, élaborés pendant la semaine au local ou au parc Chanot.

Les joueurs de l'équipe adverse entrent toujours les premiers. Le public n'a pas à réfléchir : ils peuvent directement les siffler et les huer. Ils s'échauffent au pied du virage sud, à portée des insultes habituelles. Les capos encouragent les supporters à siffler les joueurs adverses. La cage des supporters de l'équipe adverse, relégués sur un bout de gradin, est la cible des pires paroles et gestes. Les hommes touchent leur bite, leur crient : «Enculé !» Pour plus d'effet, ils utilisent le très marseillais «Va niquer tes morts», la seule insulte vraiment grave au stade.

On sait qu'il se passe un truc quand on entend Van Halen, qui passe toujours en prélude de match. Les joueurs de l'OM entrent, l'animateur scande leur nom, certains ont le droit à leur propre chant. Les tifos sont déployés. Ils sont monumentaux. Ce sont des hommages ou des revendications. Le souvenir de 1993 ou des disparus plane toujours dans les gradins. Ce qu'on sait faire à Marseille, c'est créer des légendes.

Le premier temps de jeu chez les Winners est ponctué de chants célèbres («Quand le virage se met à chanter», etc.) Je me rappelle un événement, tribune Ganay. Je suis venue avec mon ami Amse. On aperçoit un couple. La femme s'ennuie, se plaint de ne pas reconnaître

PENDANT 90 MINUTES, LES FOUS PEUVENT JOUER LE THÉÂTRE DE L'INSULTE.

les joueurs. Le mari réagit, et lui lance un «Tête de mauvaise que tchia, si c'est comme ça, on part.» Sa femme répond d'un violent «Va niquer tes morts.» L'échange semble long et le match commence. Contrairement à ce qu'on raconte, les supporters regardent le match, mais l'attention à l'action sur le terrain est sans cesse entrecoupée de frottements et de mouvements.

La revanche des abîmés

Plus qu'aux joueurs, c'est aux arbitres que les spectateurs aiment s'en prendre. Dès qu'il y a une décision en défaveur de l'équipe, un torrent d'insultes s'abat sur eux. On entend «Arbitre enculé», «Va niquer tes morts». Qu'il s'agisse de Clément Turpin ou de Stéphanie Frappart, l'arbitre, figure solitaire, est la cible de milliers de railleries au cours d'un match. La femme arbitre prend cher. On entend régulièrement des «Grosse pute, rentre chez toi», quand son action ne plaît pas. Elle est surtout la cible des spectatrices. Même les enfants peuvent participer. Lucas, 6 ans, à côté de moi, en profite. Le Vélodrome est le seul endroit où son père lui permet de dire des horreurs. Les femmes aussi se lâchent. Ici, elles sont en minorité. Celles qui viennent sont ordurières. Ce sont peut-être les pires. Je reconnais Catherine, 65 ans, constamment le doigt levé lors d'un débordement injurieux. Au stade, elle peut trashtalker. Le stade est la revanche des petits et des abîmés. Personne n'y va endimanché.

Guilhem a les noms de sa mère et de sa fille tatoués sur le corps. Bière à la main, il crie une litanie d'injures ponctuée de gestes obscènes. Pendant 90 minutes, les fous peuvent jouer le théâtre de l'insulte. Il y a aussi des formules rituelles qui paraissent antiques. «Tuez-les!» à l'intention des joueurs adverses, à des moments de discorde, comme si le terrain était une arène de gladiateurs. On entend aussi «Aux armes», un chant martial devenu l'hymne de Marseille. Un hymne venu du bas. Tous ces couplets, que chacun connaît, exaltent le club et surtout la ville.

Manitou, Rachid, David et les autres

Le stade a ses potentats. Manitou est de l'ancienne génération. Il regarde le match stoïquement, drapé d'un blouson de l'OM trop grand. Tribune sud, Rachid Zeroual règne en pape des supporters sur les South Winners. Il sait apaiser les conflits, mais les troupes sont chauffées à blanc. Une simple insulte fait éclater une rixe entre les Winners et les Ultras. J'aperçois les ceintures et les manches à balai qui sont agités dans cette bataille rangée. Ce qu'on entend le plus, c'est «enculé», avec un «u» traînant, qu'on entend «encuuuuuulé». C'est une insulte et une exclamation, voire un compliment. Autour, le bruit abstrait du stade ressemble à une tempête. Chaque action devient la source d'une insulte ou d'un chant crié par une voix de plusieurs milliers de bouches.

En deuxième période, après une mi-temps passée à la buvette dans la cohue des supporters, les capos peuvent inciter le public à ne plus suivre le match s'ils estiment l'équipe pas au niveau. Ils entonnent aussi des chants moins connus. Une sorte de mythologie propre à leurs groupes. Quand le match se termine, et qu'on a gagné, beaucoup restent un moment pour chanter. Sur le chemin de la sortie, les gens parlent entre eux. On aborde des inconnus, on plaisante avec eux. Mon ami David me dit toujours en fin de match : «Aimer l'OM, c'est souffrir.»

Je rentre, je suis fracassée.

19 avril 2025, South Winners, Marseille-Montpellier (5-1).

Julien
CAZARRE

Quinze ans que Julien Cazarre promène son sourire narquois, ses imitations approximatives et ses chansons aux rimes douteuses dans le football français. Quinze ans, pourtant, qu'il fait marrer tout le monde. Tout le monde ? Non, il y a en a bien un ou deux à qui ça ne plaît pas. Avertissement : Jean-Michel Aulas n'aimera pas cette interview.

Propos recueillis par Thibaud Leplat

« IL FAUT DES MÉCHANTS. »

Pour bien trashtalker, faut-il dire la vérité ?

Non, mais il faut que ce soit bien vu. Par exemple, si tu veux trashtalker Mbappé dans son rapport à sa mère. Même si ce n'est pas vrai qu'il est inféodé à sa mère, tu peux le trashtalker sur ce thème, c'est écoutable. Le problème, aujourd'hui, c'est que le trashtalk est généralisé et qu'il perd de sa saveur. À force de chambrer pour tout, on n'arrive même plus à apprécier la valeur des vannes. Trashtalker un mec parce qu'il a perdu un match au bout de huit journées, alors que toi, tu es supporter d'un club proche de la relégation et qui n'est même pas un ennemi de ce club, on est où en fait? De quoi tu parles? Aujourd'hui, il y a des mecs d'Angers qui trashtalkent des mecs de Lens ! Pourquoi? C'est quoi l'idée? Joey Barton, je le trouve génial dans l'art de la vanne. Le problème, c'est qu'il est nul. C'est une vraie limite. Il y a des trashtalkers qui essaient des trucs sales : les mamans mortes, les trucs racistes, c'est peut-être la limite... Cela dit, moi, rien ne me choque. Mais je peux comprendre cette limite.

Depuis l'affaire Ali Ahamada, l'ancien gardien de Toulouse qui dit avoir eu du mal à se défaire de tes moqueries, tu t'es fixé des limites ?

Avec Ahamada et Jourdren [même histoire] je touchais ce qu'ils étaient à cette période de leur vie : nuls. Effectivement, ça peut être une

« QUAND TU PRENDS TROP CONFIANCE, PARFOIS, TU VAS TROP LOIN. »

forme d'acharnement sur un mec dans la difficulté. Quand je faisais *Action discrète* et qu'on se foutait de la gueule des politiques, je n'en avais rien à cirer. Un sportif, c'est différent. À un moment donné, il faut rire avec lui. Faire du mal à un mec, ça n'a aucun intérêt. Récemment, j'ai eu Benatia. Il avait réagi à un truc qui avait été mis en exergue par un compte X qui avait pris un plan de coupe de moi, filmé sur le plateau de *Rothen s'enflamme*, pendant une interview entre Jérôme et lui. Ils ont mis la séquence au ralenti tellement on ne voyait rien. C'est arrivé jusqu'à Benatia qui m'a laissé un vocal en mode «autant les blagues ça va, mais moi, j'ai des enfants, etc.». Ce n'était même pas un trashtalk au départ ! Sinon, en général, les mecs le prennent bien, ils ont de l'humour. Dans mon métier, il faut que les gens sentent que tu aimes le foot et que tu ne te mets pas au-dessus, sinon, quelle que soit ta vanne, ça ne passera pas. Ils voient bien que je suis une espèce de Jacky qui aime le foot, comme les autres.

***Tu peux faire une hiérarchie des plus susceptibles parmi les dirigeants, joueurs, supporters*?**

Les directeurs sportifs et les sous-chefs ! Le pire, c'est la fille qui était à la com' à Marseille et qui faisait passer le club pour un club de mecs relous qui n'aiment rien. Tout était vexatoire pour elle. Elle appelait, elle menaçait. Elle a même menacé Canal+ pour une blague. *J+1* ne m'a pas attiré d'ennuis. Parfois, certains venaient et me disaient : «Ce serait bien que tu ne fasses pas de vannes sur ça.» Comme je la faisais quand même, et en pire, à la fin ils ne me disaient plus rien. Jean-Michel Aulas a été extraordinaire (*ironique*). Sûrement pas méchant dans la vie mais absolument aucun humour...

Attention, pardon de t'interrompre mais tu as oublié la formule consacrée «Jean-Michel Aulas est un grand dirigeant...»

Ah oui, pardon. Il a fait beaucoup de choses pour le football français et l'Olympique lyonnais (*rires*). Bon, on parle de quelqu'un qui a envoyé un mail à Maxime Saada, mon patron à l'époque, pour dire qu'il trouvait scandaleux que je fasse de l'humour. Il a même mis Bolloré en copie... Sous-entendu : «Si vous ne réagissez pas, d'autres gens vont voir ce mail» (*rires*). Maxime Saada n'en avait rien à foutre des menaces de Jean-Michel Aulas. Parmi les joueurs, les gardiens sont très sensibles parce que très fragilisés par leur position solitaire sur le terrain. C'est plus dur pour eux de se faire chambrer. Dernière catégorie à ajouter : ceux qui sont vexés, mais font semblant de trouver ça drôle parce qu'ils ne veulent pas passer pour des connards. Mais en fait, c'est un milieu qui accepte extrêmement bien la vanne.

Dans l'histoire du trashtalk, qui sont tes maîtres ?

En humour hors foot, Laurent Baffie avait une capacité à dire le truc qui fait mal au bon moment, extraordinaire. Dans le foot, Patrice Èvra était très bon avec les *Gunners*. Il assumait derrière. J'aime bien Neymar, aussi. Quand il chambre Haaland, derrière il met un doublé (PSG-Dortmund 2-0, huitième de finale retour de Ligue des champions, le 10 avril 2020). Sylvain Kastendeuch a dit un jour que sous ses airs tout propres, Raí disaient des horreurs sur le terrain ! C'est marrant ! Diego Costa était pas mal aussi. Leandro Paredes, j'ai adoré au PSG, le trashtalker ultime. Il faisait péter les plombs aux mecs.

En tant que supporter, quand tu as un trashtalker comme Paredes dans ton équipe, c'est une fierté ?

J'adore les porte-flingues. En Argentine, il y a toujours le porte-flingue du grand joueur. Le mec est destructeur du jeu et du mental de l'adversaire. Motta était un gros trashtalker, quoique discret. Pauleta rendait fous les défenseurs. Il jouait le mec sympa et, tout d'un coup, il disait une saloperie. C'est souvent un couple, le milieu défensif *vs* le 10 adverse, soit un défenseur *vs* un attaquant.

Dans l'affaire Materazzi-Zidane, tu es de quel côté ?

C'est magnifique ! Le mec a marqué un but, son péno et a fait sortir Zidane ! Et il n'est pas Ballon d'or, lui ? Qu'un Français n'aime pas Materazzi, c'est de bonne guerre, mais Zidane n'était pas obligé de mettre le coup de boule, non plus. Zizou a perdu même si je l'excuse absolument. Je ne sais pas ce que c'est de jouer le dernier match de ta carrière en finale de Coupe du monde, être le mec le plus regardé, avec la fatigue, l'épaule déboîtée en première mi-temps, la douleur... L'autre capte tout ça et le fait dégoupiller. Dans ce style, Sergio Ramos était excellent aussi. Il faut des méchants. Je suis le premier à kiffer l'équipe actuelle du PSG. C'est une équipe de gentils qui se battent les uns pour les autres. C'est bien. Mais elle arrive à un moment de creux générationnel où il y a peu de personnalités fortes, peu de grands joueurs, peu de stars... À une époque, il y avait des équipes de trashtalkers : Lewandowski, Müller, Ribéry, Robben... Même s'ils faisaient un match dégueu, ils étaient capables de te faire dégoupiller. En un quart d'heure, ils pouvaient t'en planter trois. Comme Benzema l'a fait contre le PSG en 2022. C'est lui qui te fait le plus peur, pas l'équipe.

Est-ce que le football est le sport du trashtalk ? Le basket est devant, non ?

Oui, et son maître est Michael Jordan. Au basket, un mec fort peut se dire : « Moi, je vais gagner ce match. » Au foot, le trashtalk, c'est du McDo. De la grande distribution. Tout est vanne, tout se vaut. Quand Manuel Neuer, après la victoire en finale de Ligue des champions contre le PSG en 2020, poste une photo de lui avec le trophée qui se trouve au Vélodrome, à Marseille, tu te demandes : « Mais tu vannes quoi en fait ? » Il n'a aucun antagonisme avec Paris, n'est pas Marseillais... Ça n'a aucun sens.

Ce qui est paradoxal dans le trashtalk, c'est qu'il faut de l'empathie pour ton rival pour pouvoir bien l'insulter.

Oui, il faut du lien. Un trashtalk entre un Marseillais et un Parisien, ça colle parce qu'il y a une histoire commune. Mais un supporter du Bayern qui te croise dans la rue et te trashtalke, c'est ridicule.

16 mars 2025, PSG-OM (3-1), banderole injurieuse contre Adrien Rabiot.

La banderole du Parc des Princes sur Adrien Rabiot a entraîné beaucoup de réactions indignées. Le football n'est-il pas devenu un peu trop susceptible ?

Très bon exemple. J'adore les banderoles. Parfois, c'est nul, mais ce n'est pas grave ! Je ne m'offusque pas quand des mecs viennent nous emmerder [les supporters du PSG] avec le Qatar je-sais-pas-quoi. Mais qu'est-ce qu'on en a à foutre sérieusement? T'es pas Qatarien? Qu'est-ce que ça peut te foutre? Ce n'est pas grave.

Le problème, au fond, c'est que la banderole est devenue très premier degré.

Il y a bientôt vingt ans, la banderole « Pédophiles, chômeurs, consanguins : Bienvenue chez les Ch'tis » est remontée jusqu'au président de la République... Dany Boon, qui n'est jamais rentré dans un stade de foot, a même été reçu par le président. Il a été plus vexé que 80 % des ultras lensois qui savent très bien que c'est un jeu. C'est ridicule. Les banderoles, c'est la base du chambrage et du trashtalk.

Quel est ton conseil de défense en cas d'attaque ou de provocation ?

Il ne faut surtout pas montrer que ça t'impacte. Surtout pas ! Moi, ce qui rend fou, c'est que j'ai

« IL FAUT QUE LES GENS SENTENT QUE TU AIMES LE FOOT ET QUE TU NE TE METS PAS AU-DESSUS D'EUX. »

une très grande capacité à accepter le trash-talk. Je l'apprécie à sa juste valeur. Il ne faut surtout pas mal le prendre. Sinon, le mec a sa double ration de plaisir. Il t'a mis une droite? Tu ne bouges pas, tu le regardes dans les yeux sans bouger. Tu encaisses. Ce ne sont que des mots. À partir du moment où la personne en face de toi n'est ni ton père, ni ton frère, ni ton ami, en quoi sa phrase peut-elle t'impacter? Je n'ai jamais compris ça. Un mec qui me dirait : « Ta mère est morte, c'est bien fait, elle est partie rejoindre tous les connards de ta famille arménienne qui a été massacrée », c'est un peu agressif, mais ça ne me choque pas.

Dans la fameuse interview de Zidane avec Michel Denisot trois jours après la finale de 2006, il se justifie en disant qu'il est « humain ». Il y a donc des limites au trashtalk? Par exemple, a-t-on le droit de se moquer de Stéphanie Frappart?

Oui, bien sûr! Il faut se foutre de sa gueule! Elle fait 20 kilos, elle a l'air d'une musaraigne perdue au milieu d'une bande de Golgoths, c'est drôle! Mais ce n'est pas pareil de se moquer d'elle, du fait qu'elle a l'air perdu, que de dire : « C'est une meuf! Pourquoi elle arbitre? » Non, ça ce n'est pas du trashtalk, c'est une opinion sexiste. Il y a des codes à respecter. Un peu comme un code vestimentaire. Tu peux venir à un enterrement en rose fluo, mais en général, il ne vaut mieux pas. Sauf si c'est l'enterrement de Michou, bien sûr (*rires*). Ce sont des codes qu'on n'a même pas envie d'expliquer. C'est un ressenti. Quand on faisait *J+1*, on suivait un mec insolite dans chaque club. Il y avait un supporter à Ajaccio qui faisait des vannes à la sortie du bus de l'adversaire. Le boss de l'émission décide de le suivre sur un Ajaccio-OM. Le mec arrive, il se sent pousser des ailes et balance des horreurs sur la mère de Benjamin Mendy qui venait de mourir. C'était absolument dégueulasse pour un mec de 20 ans qui vient de perdre sa mère. C'est la limite. Résultat, on l'a montré quand même et ce n'était pas drôle. Un peu comme les repas qui finissent mal. Quand tu prends trop confiance, parfois, tu vas trop loin.

Ça fait quinze ans que t'es dans le foot, tu as vu une évolution dans ce domaine?

Il n'y a plus de code. Tout se chambre maintenant. « Et l'autre, il est blond! » Et ben quoi? « T'as compris, hein? » Ben non. Maintenant, n'importe quel type qui fait deux blagues de fin de repas monte un stand-up. Il faut que tout le monde soit drôle. Que tout le monde soit un déconneur. C'est la surenchère. Je fais une différence entre le chambrage et le trashtalk. Le chambrage, c'est gentil. Le trashtalk, c'est l'idée de déstabiliser l'adversaire. Dans le trashtalk, il y a quelque chose qui veut faire un peu mal. Un petit chambrage placé au bon endroit au bon moment, ça peut être du trashtalk. Exemple, au moment d'un penalty, tu es le gardien. Tu glisses une petite vanne qui va rappeler au tireur qu'il en a raté deux. Le but, c'est de le mettre dans un autre état. Il suffit de pas grand-chose.

Pour finir, cette mode de mettre la main devant la bouche pour empêcher de lire ce que les joueurs se disent entre eux, on en pense quoi?

Ridicule. À certains, tu as envie de leur dire : « Non, mais toi, c'est bon, enlève ta main. On s'en fout de ce que tu dis! » (*rires*). Par contre, quand l'entraîneur prend à partie le quatrième arbitre, il a raison de mettre sa main devant la bouche. Quoique... Comme l'arbitre a un micro sur lui, ça ne sert à rien non plus! C'est ridicule. Je l'ai même vu au niveau amateur! Dans le club de mon fils, les mecs se mettent la main devant la bouche pour se parler. Vous êtes sérieux, les gars?

« Julien, c'est le GOAT ! »
L'AVIS DE **GILBERT**

LE FOOT, une comédie bien française

Le football français peut être fier de quelque chose : son théâtre. Normal, me direz-vous, on est au pays de Molière.

Jérémy Lopez, de la Comédie-Française

À défaut de dribbler et gagner, en France, on jongle avec les mots. En tribune, sur le terrain ou face au micro, les insultes pleuvent avec le panache d'un comédien en pleine scène. Chez nous, on jure comme on déclame.

Le théâtre est partout. Sur la pelouse, les joueurs hurlent comme des tragédiens dans une pièce de Racine. L'un d'eux pleure en montrant à l'arbitre la blessure sur sa jambe comme l'avare Harpagon, chez Molière, s'accroche à sa cassette. Dans les virages, les chœurs antiques exercent leur redoutable influence sur les acteurs. Ils insultent, crient, encouragent. Ils représentent le peuple dans ce qu'il contient de beauté, d'humanité et aussi parfois de bêtise.

La carotte

Pour nous, Lyonnais, les derbys contre Saint-Étienne ont toujours commencé bien avant le coup d'envoi. En 1967, Jean Snella, coach des Verts, déclare : « À force de jouer la carotte, l'OL n'ira pas loin. » Résultat : le chœur lyonnais jette une pluie de carottes sur les joueurs stéphanois qui les croquent à pleines dents ! Il y a cette mythique décla de Roger Rocher, grand président vert : « En matière de foot, Saint-Étienne est la capitale et Lyon sa banlieue. » La Coupe d'Europe ? Les Stéphanois « ne la jouent qu'à la PlayStation », *dixit* Aulas, trashtalker en chef. Ou Domenech, latéral ultra agressif : « Si le joueur passe, le ballon ne passe pas, ou l'inverse. » Des années plus tard, le poète jouera une scène d'amour lyrique en demandant la main de sa dulcinée en direct, quelques secondes après une déroute nationale. Une autre fois, il lira le texte de protestation de ses joueurs face caméra. Avec le foot français, on est au théâtre tous les jours.

Cela dit, messieurs, n'oubliez pas de jouer (pour de vrai), car contrairement à ce que disait Pierre de Coubertin (autre punchline bien française), je continue de penser que si c'est important de participer, c'est encore mieux de GAGNER.

POUR NOUS, LYONNAIS, LES DERBYS CONTRE SAINT-ÉTIENNE ONT TOUJOURS COMMENCÉ BIEN AVANT LE COUP D'ENVOI.

Jean-Michel Aulas, 1990.

l'Europe TRASH

DRÔLES de DAMES

INSUPPORTABLE VINICIUS ?

Adrián Mediavilla

Vinicius est un imbécile. L'Espagne est un pays raciste. Ces deux affirmations peuvent parfaitement coexister. Pourtant, au pays du Real Madrid, ces vérités fonctionnent comme la célèbre expérience de Schrödinger : il est possible que les supporters de toute l'Espagne insultent Vinicius parce qu'il est noir, tout comme il est possible que la star brésilienne des *Merengues* soit un parfait crétin sur le terrain.

Quand il débute à Madrid en 2018, Vinicius réclame le ballon. Vinicius provoque. Vinicius dribble. Mais au moment de finir devant le but, la lumière semble s'éteindre. Quelque chose change en 2021 : Carlo Ancelotti remplace Zinédine Zidane sur le banc madrilène et décide de lui faire confiance au détriment de Gareth Bale. Vini passe de 3 à 17 buts en autant de matchs. Et c'est alors que les problèmes ont commencé.

Vinicius est un joueur au sang chaud. Peut-être immature, peut-être simplement jeune – il n'a encore que 24 ans. Peut-être aussi que pour signer au Real Madrid à 18 ans, il faut renoncer à une incontournable période de maturation que la plupart d'entre nous avons traversée à l'adolescence.

Révélateur de l'insulte

Vinicius humilie ses adversaires balle au pied – et parfois sans. «Et toi, t'as gagné combien de Ligues des champions?» lance-t-il à Koke, le capitaine de l'Atlético de Madrid. «T'es nul, c'est pour ça que tu ne joues plus au Real Madrid», à Marcos Llorente. «T'es une brêle», a-t-il craché à Ferran Torres, du Barça. Vinicius se fait insulter par les adversaires, par les supporters et, surtout, par les réseaux sociaux. Est-ce à cause de son maillot? De ses dribbles? De son arrogance? Ou parce qu'il est noir?

Un indice se cache dans un argument souvent avancé : «Pourquoi Rüdiger, Alaba ou Mendy ne sont-ils pas l'objet d'insultes racistes?» C'est la ligne de défense classique de ceux qui justifient les attaques contre Vinicius. Autrement dit : en Espagne, un joueur peut être noir… tant qu'il se tient à carreau. Or, le vrai révélateur, c'est l'insulte elle-même. Personne ne le traite d'«imbécile» ou ne l'insulte comme un joueur lambda. Non : à Vinicius, on crie : «Sale nègre.» Si l'insulte vise la couleur de peau, il y a donc une forte probabilité que celui qui insulte soit raciste.

Les insultes racistes contre Vinicius ne sont pas du trashtalk.

BARTON, (WHITE) TRASHTALKER

David Gluzman

Alors que son club de Queens Park Rangers avait besoin d'un point pour sauver sa tête et que la table de marque affichait 1-1 à la 55e minute contre Manchester City, Barton disjoncte : 1 minute et 54 secondes de pure stupidité entre coup de coude sur Tévez l'apache, béquille sur Agüero et tentative de coup de tête sur Kompany. Tel un enfant frustré, le *lad* d'Huyton se saborde. Peu importe les conséquences, tant qu'on parle de lui.

Barton est un pur produit des *councils estates* du nord de l'Angleterre : cette enfilade d'habitations individuelles modestes ayant offert aux Trois Lions certains de leurs plus beaux joyaux (Gascoigne, Rooney, Gerrard…). Pédagogie : éducation à la dure, alcool, violence et virilisme exacerbé. Quand un tout jeune Joey se fait mordre par un chien, son père sort du pub en trombe pour rouler deux fois sur l'animal, marche avant puis arrière. Heureusement, cependant, que tous les enfants de la classe ouvrière anglaise ne finissent pas par écraser un cigare allumé dans l'œil d'un jeune du centre de formation après une beuverie de Noël. Ousmane Dabo et ce chauffeur de taxi liverpudlien boxé vingt fois, tous deux laissés inconscients, doivent aussi rire jaune en entendant Barton justifier ses incalculables accès de rage par une éducation paternelle trop stricte.

Un charmant jeune homme

L'entendre parler tout court l'est encore plus. Toujours guidé par une furieuse envie de continuer à exister, le Barton retraité s'est, un temps, imaginé en intellectuel repenti. Il cite Orwell, Nietzsche ou Morrissey sur Twitter. Assez pour séduire une frange significative des médias anglais qui voit dans la rédemption du *bad boy* une véritable aubaine. Il ne faut pas longtemps, cependant, à l'indécrottable pour se brûler les ailes. Invité de *Question Time*, une émission emblématique de la BBC où des personnalités des médias et de la politique répondent en direct à des questions du public, il disjoncte, encore. Sexisme, vulgarité, sympathie pour la droite de la droite : la très neutre et policée chaîne publique est prise à son propre jeu.

Finalement, Joey n'est pas un trashtalker, étant beaucoup plus *trash* que *talker*. En qualifiant l'assassinat à caractère raciste d'Anthony Walker avec un pic à glace par son frère de « bagarre » ; en comparant au couple de tueurs en série Fred et Rose West deux commentatrices, les frontières du supportable sont repoussées avec application. Désormais voix autoproclamée de l'*Alt Right* et des hommes britanniques blancs maltraités, il combat la « wokitude » quand il ne combat pas sa femme à mains nues.

LA VENGEANCE DE TUDOR

Johann Crochet

Dans la culture sportive italienne, *lo sfottò* (mélange de taquinerie et de provocation) est omniprésent. Ces petites moqueries sont quotidiennes. Sur le terrain entre joueurs, dans les gradins entre supporters rivaux, et désormais sur les réseaux sociaux, les taquineries sont une routine dans la gestion des émotions.

Qu'ils soient directs ou indirects, simples ou subtils, réutilisés ou créatifs, ces *sfottò* se multiplient dès lors que l'importance du match grandit. D'un derby ou d'une grande rivalité naissent les plus mémorables d'entre eux.

« Tais-toi, 4 buts, tous à la maison »

Lors de la victoire de la Roma sur la Juventus (4-0) en février 2004, Francesco Totti avait provoqué Igor Tudor, alors défenseur des *Bianconeri*. D'un simple geste de la main, appuyé par quelques mots, le capitaine de la Roma avait indiqué au Croate le score du match (avec 4 doigts levés) avant d'effectuer un autre geste l'invitant à rentrer chez lui. La portée de ce trashtalk verbal et visuel avait été tel qu'on trouvait au match suivant à l'Olimpico, des tee-shirts sur les *bancarelle* (stands éphémères) aux abords du stade, reproduisant la scène en trois photos, accompagnées du texte «*Sta' zitto, sò 4, tutti a casa*» (Tais-toi, 4 buts, tous à la maison).

Le Croate tient sa revanche un an plus tard. Désormais à Sienne, il retrouve l'Olimpico et trashtalke Totti tout le match en compagnie de son compère défensif Francesco Colonnese. Totti et Tudor prennent d'abord un jaune ensemble, et deux minutes plus tard, Totti est expulsé pour avoir frappé Colonnese qui l'avait provoqué. Il aurait eu des mots sur sa famille. Un partout, balle au centre.

Dans la culture sportive italienne, *lo sfottò* est omniprésent.

PARTIE DE CRACHE-CRACHE

L'histoire du crachat le plus célèbre du football allemand, c'est du théâtre à moustaches.

David Lortholary

Lieu : San Siro. Date : 24 juin 1990, huitièmes de finale de la Coupe du monde. Contexte : une rivalité féroce entre Allemands et Néerlandais. Épisode précédent : le triomphe des Pays-Bas en Allemagne, à l'Euro 1988 — et une victoire *oranje* à Hambourg en demies pour alourdir le climax. Dans le rôle du faux ingénu (en mode renard furtif) : l'attaquant allemand Rudi Völler. Et de la brute ostentatoire : Frank Rijkaard. Les figurants sont des légendes locales : les Milanistes Van Basten et Gullit côté batave, les Intéristes Klinsmann, Matthäus et Brehme côté germanique. Le tout en costumes d'époque : des tuniques mythiques et intemporelles.

Vingt minutes sont écoulées quand Rijkaard dézingue Völler, venu à sa rencontre en louvoyant vers la surface adverse. Carton pour le colosse, roulé par le roublard de l'AS Rome. Rijkaard rumine une seconde et, dans le dos de Völler, expulse sa bile vers la toison bouclée de son compère en mimant un geste de vulgaire virilité. Éclaboussé, le renard glapit et l'arbitre, leurré, sort également un carton pour la victime. Dès le coup franc suivant, Rijkaard, qui traîne par là « par hasard », vient ajouter une provocation gratuite au comptage des poings après que Van Breukelen, le gardien néerlandais, et l'attaquant allemand, à la lutte pour le ballon, sont logiquement entrés en contact.

Glaire play

Échange d'amabilités, attroupement, simulation de Völler. Bousculé par son coéquipier Klinsmann (!!), il s'étend sur la pelouse. Les cartons virent au rouge, le public gronde, le stade vibre. Les deux bannis filent vers le vestiaire. C'est l'avant-dernier acte : gorge toujours chaude, Rijkaard crache à nouveau sur son rival. Celui-ci l'évite en accélérant pour quitter la pelouse. Suspendu un match, Völler soulèvera la coupe une semaine plus tard pour le dernier acte, tandis que Rijkaard se confondra en excuses. Sous vos applaudissements, bien sûr.

Rijkaard rumine une seconde et, dans le dos de Völler, expulse sa bile vers la toison bouclée de son compère.

CHAM-
BRAGE

pardonnez-nous
nos offenses

APPROVED BY THE ALVASTUDIO7 CODE AUTHORITY
BUA-AAAAMMM
KING OF
RESPECT

ZIZ EST UN HOMME

Le 12 juillet 2006, Zinédine Zidane, plutôt que de demander pardon à Materazzi, est venu à la télévision pour expliquer les motivations de son fameux coup de boule. Parce qu'il y a des limites au trashtalk.

Thibaud Leplat

« Mais, bon sang, que lui a-t-il dit ? » Si vous étiez vivant en 2006, vous vous souvenez de la question qui nous a hantés pendant plusieurs semaines. Les Bleus venaient de perdre une finale de Coupe du monde et Zidane se retirait sur un carton rouge après un coup de tête en pleine poitrine (pourquoi pas la tête tant qu'on y est ?) à Marco Materazzi. Qu'est-ce que Materazzi a bien pu dire à notre héros pour qu'il dégoupille à ce point ? Se poser la question des *explicit lyrics*, c'est déjà un peu y répondre. Ainsi donc, il y aurait des circonstances atténuantes à une auto-expulsion au sommet de sa carrière.

Trois jours après le match, le trashtalké se présente devant Michel Denisot et commente les images que deux milliards d'incrédules (n')ont (pas) vues en direct. Veste de militaire étrangement posée sur les épaules façon boxeur en fin de carrière (séquelle d'une épaule déboîtée pendant le match), les yeux brûlent encore de résidus de colère : « Il [Materazzi] a dit des choses très graves, très personnelles qui me touchent au plus profond de moi, sur ma maman, ma sœur. J'écoute une fois, j'essaye de partir, puis une deuxième fois, une troisième fois. Je suis un homme avant tout. » On devine à demi-mot une conversation somme toute assez banale dans ce genre de contexte compétitif. Après un contact relativement léger, Zizou trashtalke en premier : « Si tu veux mon maillot, je te l'échange à la fin du match. » Son compère réplique par des insultes. On est très loin du coup de coude dans le nez (Luis Enrique 1994, Leonardo 1994) ou de genoux qui sautent (Roy Keane 2001). Comment de minuscules vibrations sonores peuvent-elles être plus fortes qu'une « droite dans la gueule » ? Curieux dilemme.

On se serre la main ?

Au crépuscule de sa carrière (14 expulsions dont 12 directes, soit une de plus que Roy Keane à chaque fois), Zidane a fait un choix

14 EXPULSIONS DONT 12 DIRECTES, SOIT UNE DE PLUS QUE ROY KEANE À CHAQUE FOIS.

« Oh Zinédine... Pas ça ! Oh, non ! Pas ça ! »

entre deux conceptions du trashtalk qui sont aussi deux visions antagonistes de la morale sportive. D'un côté, une idée de la compétition où tous les coups sont permis. C'est le sens des mots adressés au joueur italien dans les premières secondes de l'échange et des dialogues (fleuris) extrêmement courants dans un contexte de haute tension compétitive.

Le football est un sport de contacts, c'est-à-dire qu'il se joue dans un contexte de proximité immédiate avec le rival. On l'entend respirer, on le sent trembler, on le voit s'essouffler. Bref, le «contact» dont il s'agit est avant tout physique. Le trashtalk en tant que chambrage, c'est le versant verbal du contact physique. Rien de plus. Un peu comme à Vegas, juste avant le paracétamol, on jure que «ce qu'il se passe sur le terrain reste sur le terrain». On se serre la main. Fin des hostilités. Continuation de l'amitié. Tel est le sens du fair-play des *public schools* anglaises qui ont inventé ce sport.

Rois de la *street*

Problème, cette conception de la compétition se met à part de la vie commune. Car un joueur est aussi une personne. Or, n'y a-t-il pas des cas – innombrables – qui rappellent que tout ne peut pas être dit ou entendu? Le règlement ménage cette hypothèse («comportements antisportifs», loi 12) et sanctionne la provocation. En outre, la fatigue arrivant, il est difficile de lutter contre la colère qui monte. «C'est humain», paraît-il. Mais Zizou le dit-il dans ce sens-là? Est-il vraiment humain de céder si facilement à l'insulte? Il précise plus tard dans l'interview qu'il était parfaitement lucide. Curieuse information. Il aurait donc frappé son rival en toute connaissance de cause : «Je l'ai fait parce qu'il y a eu une provocation.»

C'est en lisant *Noces*, un texte de jeunesse d'Albert Camus (1938), que j'ai compris, longtemps après, la nature du dilemme qui s'était joué sous nos yeux en 2006. Dans l'Algérie de Camus, on se presse à vivre «jusqu'au gaspillage», dit-il. Les bonheurs et les malheurs sont brusques. La vie «n'est pas à construire, mais à brûler». Aussi ajoute-t-il une définition de ce que serait la «vertu» sous un soleil brûlant : «On a sa morale, et bien particulière. On ne "manque" pas à sa mère. On fait respecter sa femme dans les rues [...]. Pour qui n'observe pas des commandements élémentaires, "il n'est pas un homme" et l'affaire est réglée.» Et dans un autre article, un peu plus tard, Camus précisera la nature de ce code de la rue : «On n'était pas un homme lorsqu'on ne se montrait pas franc, lorsqu'on reculait à faire respecter sa femme ou sa propre dignité.»

Compétition généralisée

Ne nous y trompons pas. Ce code de l'honneur appliqué par les footeux n'est pas celui des voyous, mais la morale des rois du bitume – au premier rang, le glorieux Zizou. Elle est contraire à la morale du trashtalker. Cette dernière, c'est «la morale des boutiquiers», dirait Camus. Celle qui prend des allures de caïds, mais qui n'a d'autre éthique que celle du bilan comptable. Peu importent les moyens, le trashtalk, en fin de compte (c'est le cas de le dire), ne respecte que le nombre de 0 sur la prime de match. Rien à voir avec la morale de Zizou qui est celle de l'humaniste. Il s'excuse «pour les enfants» sans pour autant «regretter» son geste. «Je suis un homme avant tout», répète Zinédine pour expliquer cette apparente contradiction.

Si 52 % des Français «comprennent» le geste du numéro 10, quelques jours après la défaite (sondage CSA pour *Le Parisien*), ce n'est pas à son éloquence qu'il le doit, mais à la grandeur d'une éthique aristocratique devenue anachronique à l'heure de la compétition généralisée. «Faire respecter l'homme dans les autres et le faire respecter en soi-même», comme l'écrit Camus en 1944. C'est la raison pour laquelle, sans doute, Zidane, notre roi, n'a pas visé le nez de Materazzi mais son cœur.

NE NOUS Y TROMPONS PAS. CE CODE DE L'HONNEUR APPLIQUÉ PAR LES FOOTEUX N'EST PAS CELUI DES VOYOUS, MAIS LA MORALE DES ROIS DU BITUME.

« Le coup de boule de Zidane, pire que la main de Maradona ou pas ? »

LE TACLE DE **DANIEL**

Nos supporters ONT DU TALENT

Les banderoles et tifos sont omniprésents dans les stades de Ligue 1. Drôles et/ou offensants, ils sont là pour faire du sale. Évaluation du talent de nos tribunes.

François Beyssen

Note artistique
3/10
Note culturelle
7/10
Note trashtalking
10/10

LA POLÉMIQUE

CLUB : PSG
CONTEXTE : finale Coupe de la Ligue PSG-Lens 2008
Texte : PÉDOPHILES, CHÔMEURS, CONSANGUINS : BIENVENUE CHEZ LES CH'TIS

Un enfant dirait qu'il n'y a que la vérité qui blesse. La vérité, c'est que les ultras parisiens ont utilisé les clichés sur le Nord pour faire une blague au même titre qu'un humoriste en faisant un clin d'œil au film de Danny Boon. Sauf qu'on ne permet pas l'humour aux supporters de foot.

ATTENTION CHERS RÉMOIS, ON EST TOUJOURS LE PAYSAN DE QUELQU'UN...

Note artistique
4/10
Note culturelle
6/10
Note trashtalking
8/10

LA KARMA

CLUB : Le Havre
CONTEXTE : célébration du maintien 2025
Texte : **NICOLLIN, CAILLOT : RÉSERVEZ UNE TABLE VENDREDI SOIR ET METTEZ ÇA SUR L'ARDOISE DE LABRUNE !**

Celle-là, tous les (non) abonnés à DAZN ont souhaité l'écrire. Le maintien sur le fil des Havrais leur a donné des ailes pour chambrer les présidents montpelliérain et rémois pour qui les 40 euros de DAZN étaient un bon restau en moins par mois. La note risque d'être salée.

CELLE QUI SE MOQUE DE SES JOUEURS

CLUB : AS Nancy Lorraine
CONTEXTE : L2 (2012)
Texte : **LE BUT EST ICI**

Note artistique
6/10
Note culturelle
1/10
Note trashtalking
8/10

Des supporters qui jouent vraiment leur rôle de douzième homme. Sevrés de buts, les supporters ne savent plus quoi faire pour aider les joueurs de l'ASNL à enfin marquer un but. Ont-ils changé de côté à la mi-temps ?

Note artistique
6/10
Note culturelle
1/10
Note trashtalking
4/10

RIVALITÉ LOCALE

CLUB : Reims
CONTEXTE : match contre Sedan en L2 (2004)
Texte : **POUR TROUVER LES PAYSANS SUIVEZ LA FLÈCHE**

Un effort limité mais fort efficace et surtout plein de condescendance historique de la Champagne (Reims) pour les Ardennes (Sedan). Attention chers Rémois, on est toujours le paysan de quelqu'un...

Note artistique
8/10
Note culturelle
5/10
Note trashtalking
2/10

RIVALITÉ LOCALE HAUTE EN COULEUR

CLUB : RC Strasbourg
CONTEXTE : match contre Metz (2021-2022)
Texte : **L'EXPÉRIENCE PROUVE QU'IL Y A DES RATÉS, ET QUE LA BONNE FORMULE PEUT ÊTRE TROUVÉE**

Belle illustration de la série *Rick et Morty* dans ce derby de l'Est entre Metz et Strasbourg, même si on le sait, pour Gilbert, il n'y a pas d'autre rival pour le Racing que Mulhouse !

Note artistique
4/10
Note culturelle
2/10
Note trashtalking
10/10

#METOO

CLUB : RC Lens
CONTEXTE : L2 – Bourg en Bresse 2018
Texte : **BATTEZ VOS ADVERSAIRES AU LIEU DE BATTRE VOS FEMMES**

Qui a dit que les Lensois n'étaient qu'amour, surtout après une saison galère en L2 ?
Un tacle à la gorge digne des plus belles interventions de Cyril Rool. Un carton très sang et or pour cette référence aux ennuis judiciaires de deux de leurs joueurs de l'époque.

Note artistique
4/10
Note culturelle
6/10
Note trashtalking
8/10

BLASPHÈME ÉTHYLIQUE

CLUB : Dijon
CONTEXTE : L2 – Auxerre
Texte : **ON MET DU CASSIS DANS TON CHABLIS FILS DE PUTE**

Un bon derby bourguignon entre Dijon et Auxerre, c'est forcément une histoire de gastronomie. Historiquement, le cassis de Dijon était ajouté dans les vins blancs de mauvaise qualité pour le rendre buvable. Pas sûr que le match fut cependant un bon breuvage...

Note artistique
10/10
Note culturelle
6/10
Note trashtalking
7/10

30 MILLIONS D'AMIS

CLUB : Saint-Étienne
CONTEXTE : derby face à l'OL en 2007
Texte : **LA CHASSE EST OUVERTE... TUEZ-LES !**

Dans la jungle, terrible jungle, le lion a une fois de plus mangé son cousin la panthère. Mené 3-0, Bafé Gomis n'eut sans doute pas envie de faire sa célébration de... la panthère pour la réduction du score à 3-1, de peur de prendre un plomb. Et c'est qui le lion maintenant ?

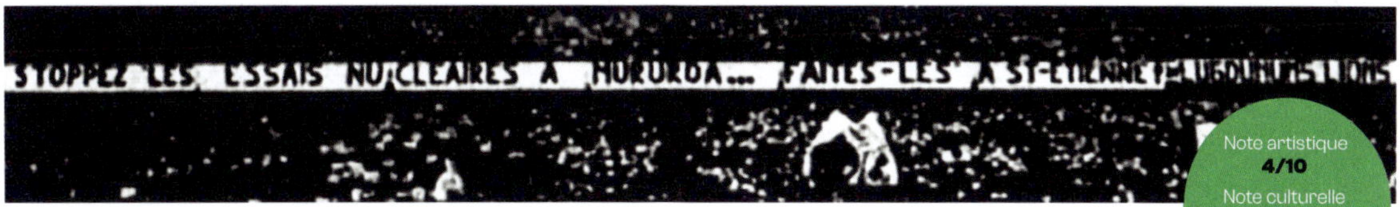

Note artistique
4/10
Note culturelle
10/10
Note trashtalking
10/10

LA COUPE DES CHAMPIGNONS

CLUB : OL
CONTEXTE : derby contre Saint-Étienne (1995)
Texte : **STOPPEZ LES ESSAIS NUCLÉAIRES À MURUROA... FAITES-LES À SAINT-ÉTIENNE**

La reprise des essais nucléaires par le président Jacques Chirac donne des idées aux supporters lyonnais en 1995. Savent-ils cependant que le nuage nucléaire risque d'irradier la banlieue de Saint-Étienne ?

Note artistique
4/10
Note culturelle
8/10
Note trashtalking
10/10

LA RÉFÉRENCE INTERNATIONALE

CLUB : PSG
CONTEXTE : PSG-Caen 2007
Texte : **EN ARGENTINE, LANUS VA ÊTRE CHAMPION, EN FRANCE, NOS TROUS DU CUL SONT 18ÈMES !**

Qui a dit que les supporters de foot n'avaient pas de culture ? Les Boulogne Boys avaient plus que la moyenne en géographie et en anatomie ! Qu'il était douloureux de s'asseoir au Parc des Princes en 2007 lorsque le PSG se battait pour sa survie en L1 !

LOST *in transgression*

D'un côté, le football, c'est l'art de se défouler en public. De l'autre, c'est aussi celui de se retenir d'aller trop loin. Entre les deux, tout est affaire de perception.

Albrecht Sonntag

Le stade de football doit être le seul espace public où dénigrement et insulte sont les modes d'expression coutumiers. Tout se passe comme si dans cet écosystème très particulier, fermé sur lui-même, le dos tourné à la vie urbaine ordinaire, toutes les règles de la bienséance étaient suspendues. Dans les tribunes, on s'affranchit des normes qui régissent la vie sociale, et la partie sombre du vocabulaire, proscrite dans nos conversations de tous les jours et incompatible avec un vivre-ensemble civilisé, est soudainement débridée.

Même à l'écrit ! La pratique de l'insulte, fondée sur l'impératif non négociable de déstabiliser, dévaloriser, voire diaboliser, l'adversaire par des comparaisons grotesques (« métaphores ») et des exagérations absurdes (« hyperboles »), n'est pas limitée aux cris et aux chants. Elle apparaît, visible pour tous, sur les banderoles et les tifos, minutieusement préparés dans le but de blesser l'autre où cela lui fait le plus mal. Pas la peine de citer ici les exemples les plus crus, le lecteur intéressé en a sûrement plusieurs en tête.

Le moteur de cette logique de l'insulte est la « transgression », c'est-à-dire le dépassement des limites. Il s'agit de rompre avec les usages, les conventions ou les interdits, dans le but de choquer, de scandaliser, d'exaspérer

l'adversaire et, tant qu'on y est, la société tout entière. Car les images de ces messages, évidemment, sont par la suite sorties de leur contexte temporel et spatial – le moment du match et le lieu fermé du stade – et étalées dans les médias (sociaux et traditionnels). L'emballement de l'indignation qui s'ensuit dépend de la cible et de la gravité perçue des insultes.

Brûler la politesse ?

Le mot clé, c'est « perçu ». Ce qui relève du propos ironique de deuxième degré pour les uns est tout simplement « inadmissible » pour les autres. Mais qui, au juste, fixe les bornes ? Qui décide à quel moment que ce qui était toléré hier sera tabou à partir d'aujourd'hui ? Certainement pas la loi, qui a toujours un train de retard sur les usages et ne fait souvent qu'entériner des évolutions déjà survenues. Qui plus est, elle doit, du moins dans les démocraties, jongler avec la protection de « la liberté d'expression ».

Pour en avoir le cœur net, j'ai consulté, il y a quelques années, quelques linguistes de renom qui ont consacré des années de travail de recherche aux fonctions sociales du langage. Selon eux, dans les sociétés démocratiques, qui sont caractérisées par une société civile organisée, il y a une re-négociation permanente de ce qui est jugé « acceptable » dans le discours public. Ils n'utilisent plus guère la notion du « politiquement correct », qui vise à faire évoluer la société en sensibilisant à l'emploi du vocabulaire, mais qui a fait l'objet de tels détournements et contorsions qu'il vaut mieux l'éviter. À la place, ils parlent du « critère de politesse de la classe moyenne ».

Derrière ce concept se cache une sorte de paramètre par défaut des utilisations du langage qui sont considérées comme acceptables ou, au contraire, inadmissibles. C'est un paramètre qui est recalibré en permanence, au gré des sensibilités qui évoluent au cœur de la société. Les recalibrages les plus visibles sont ceux qui concernent la stigmatisation des minorités de toute sorte. Il y a des mots qui blessent et qui excluent, et le « critère de politesse de la classe moyenne » en tient compte et évolue au fur et à mesure que le centre de gravité de la société y devient plus sensible.

Cela a le don de hérisser certains, mais rappelons au passage que c'est là l'une des promesses principales de la vie démocratique : elle est basée sur le règne de la majorité, mais elle promet de protéger les minorités.

Et dans un stade de football ?

D'un côté, le football ne se situe pas « en dehors de la société », il ne peut donc pas s'exonérer en toute désinvolture des normes que la société redéfinit sans cesse. On le voit bien au sujet du racisme, par exemple. Nombreuses sont les tribunes dont le racisme crasse d'un autre âge est banni et où ceux qui s'y adonnent s'isolent et sont rappelés à l'ordre. Je prends le pari que l'intériorisation du tabou langagier raciste progressera et finira par gagner les gradins plus récalcitrants. Même tendance pour le sexisme et l'homophobie. À un moment donné, ce type de convictions ou de provocations sera considéré comme trop ringard pour être drôle.

De l'autre côté, le principe même de l'insulte envers l'adversaire semble indissociable de l'ambiance de rivalité partisane qui domine le stade et compte pour beaucoup dans le spectacle. Je me souviens d'un supporter italien qui nous répondait très gentiment, lors d'une enquête sur les discriminations : « Franchement, si je ne peux plus traiter les Napolitains de sous-hommes de merde, ce n'est plus la peine d'aller au foot ! » Sans forcément souscrire à son point de vue, on comprend où il veut en venir. Même « embourgeoisé », le stade de football reste un lieu de désinhibition, où l'on se permet de transgresser tout ce carcan de règles restrictives auquel il faut se soumettre partout ailleurs.

Transgression football club

Car la transgression, c'est aussi un plaisir. Depuis notre petite enfance, nous avons pris plaisir à transgresser les règles, à jouer avec les interdits. Puis nous sommes devenus (pour la majorité d'entre nous) des personnes adultes responsables, bien intégrées dans notre époque. La plupart du temps, en tout cas. Il y a des contextes dans lesquels on se laisse aller à une régression infantile sans la moindre honte, et je crains que le stade de football en soit un exemple particulièrement parlant et le reste encore longtemps.

Conclusion : nous n'en avons pas fini avec les banderoles qu'on qualifiera d'« inadmissible » ou d'« insoutenable » sur les plateaux des chaînes d'info, en appelant à des sanctions. Ce qui changera, c'est notre susceptibilité au sujet du tabou en question. La transgression, elle, continuera à faire partie du décor.

« FRANCHEMENT, SI JE NE PEUX PLUS TRAITER LES NAPOLITAINS DE SOUS-HOMMES DE MERDE, CE N'EST PLUS LA PEINE D'ALLER AU FOOT ! »

Naples, 2024.

MANUEL D'AUTO-DÉFENSE

(contre soi-même)

Cédric QUIGNON-FLEURET

Psychologue du sport, consultant pour de nombreux joueurs de football, de basket, et amateur de poker, Cédric Quignon-Fleuret est la personne idéale pour évoquer le parler sale. Point commun entre le psy et le trashtalker ? La parole toute-puissante.

Propos recueillis par Thibaud Leplat

Tu travailles avec de nombreux sportifs. Pour être un bon trashtalker, disent certains, il faut être empathique. La parole peut-elle aussi être un sport dans le sport ?

Dans les sports américains, on parle beaucoup de l'art du trashtalking car certains sont devenus maîtres en la matière. Comment exploiter les faiblesses de l'ennemi ? Dans le football, Zidane en finale de la Coupe du monde 2006, c'est du trashtalking. Est-ce que c'est une stratégie intéressante de provoquer quelqu'un comme Zidane ? Probablement oui. On est face à un introverti qu'on a tout intérêt à faire déjouer et qui a un historique de cartons rouges. C'est la stratégie de Materazzi. Parmi les flèches qu'il a tirées, celle-là a touché le point de sensibilité. Arrivé à un certain stade, le sport de haut niveau est une guerre où presque tous les coups sont permis. Avec d'autres, il vaut mieux éviter pour ne pas leur donner un surplus de motivation. On peut alors se placer dans une posture plus complice. Byron Scott, ancien joueur des Lakers de Los Angeles, disait qu'il essayait de ne jamais trashtalker Michael Jordan : « *I was trying to kill him with kindness* » (J'essayais de le tuer par la gentillesse). Pour ne jamais lui donner une raison de s'énerver et l'endormir, il disait : « Bien joué, Michael ! » Reggie Miller, trashtalker

« Dans *L'After*, le trashtalk c'est 1 € dans la cagnotte. »

L'AVIS DE **GILBERT**

devant l'éternel, arrive comme rookie dans l'équipe d'Indiana. Lors d'un un match de pré-saison il joue contre Jordan qui semble s'en foutre un peu. Incité par un coéquipier, il va trashtalker Jordan. Il a 14 points à la mi-temps, Jordan seulement 2. À la fin, Jordan en a marqué 40 et lui est resté à 14. « C'est la dernière fois que je le fais avec Michael Jordan », a dit Miller. Jordan était le roi des trashtalkers. Il te détruisait aussi bien dans le jeu que mentalement.

Le trashtalker a donc un profil de compétiteur à outrance ?

Dans le basket de rue et le football de rue, c'est très courant. Être un joueur intelligent, c'est comprendre que la parole peut devenir une arme. Certains vont l'utiliser en balançant des trucs basiques, « T'es nul, tu sais pas jouer », mais sans stratégie. Les joueurs intelligents, eux, vont trouver exactement ce qui peut blesser ou faire mal, quitte à franchir les limites. Kevin Garnett était connu comme redoutable trashtalker, capable d'aller au-delà de la limite par des attaques personnelles très violentes. C'est une arme supplémentaire au même titre que l'adresse ou la vitesse. Le but est d'arriver à faire en sorte que la personne en face soit plus focalisée sur ce que tu lui dis que sur les maîtrisables (ce que tu peux faire sur un terrain aux niveaux physique, stratégique, mental).

À quelles règles l'agresseur obéit-il ?

Premier principe : assurer une dominance. Pas seulement être dominant dans le jeu, mais faire savoir que tu es dominant. Et derrière, il faut assurer. Il y a un message sous-jacent : « Je suis non seulement suffisamment fort pour me penser supérieur à toi, mais je suis prêt en plus à te le faire savoir. » Deuxième principe : utiliser une stratégie pour obtenir un avantage supplémentaire pour gagner la bataille. Un jour, Jordan joue contre Steve Smith, un arrière de Miami — lui-même était une énorme grande gueule. Jordan met un premier panier et lui glisse « 40 ». Au début, Steve Smith ne comprend pas. Michael reprend la balle, il shoote, en revenant en défense « 38 ». Smith comprend qu'il est en train de compter à reculons et lui annonce combien de points il va mettre. À la fin, il lui en a mis 44... Larry Bird, pareil. Sur une balle de match de temps mort, il reste 5 secondes, il annonce à Xavier McDaniel (Seattle) ce qu'il va faire. Et le fait.

Un joueur comme Vinicius a besoin d'être en colère pour jouer. N'est-ce pas aussi un symptôme de défaut de motivation ?

C'est très difficile de répéter un niveau ultime de motivation intrinsèque. Si tu n'es pas motivé pour une finale de Ligue des champions, il faut faire autre chose. C'est la motivation extrinsèque. En revanche, être motivé à tous les matchs, compte tenu des enjeux ou de la fatigue, c'est difficile. Il est normal que la motivation intrinsèque varie. Donc, la recherche du conflit *via* la parole, inconsciente ou non, va donner un surplus d'adrénaline qui va permettre au trashtalker de se transcender.

En tant que psychologue, es-tu amené à diriger des stratégies de trashtalk ?

Non, jamais. C'est une arme explosive. Il faut vraiment savoir ce qu'on fait, à qui on a affaire, ne pas se perdre dans son propre jeu et parvenir à maintenir un haut niveau de concentration. Parce que lorsqu'on trashtalke, on joue avec ses émotions. Ce qui parfois ajoute une charge. Si tu vas faire un match de tennis avec un ami et tu démarres en disant : « Je te préviens, tu vas prendre 6-0, 6-0 », mais que derrière, tu ne mets pas une balle dans le court...

« EST-CE QUE C'EST UNE STRATÉGIE INTÉRESSANTE DE PROVOQUER QUELQU'UN COMME ZIDANE ? PROBABLEMENT OUI. »

Que faut-il répondre à un trashtalker ?

Le trashtalk est une perturbation émotionnelle qui vient de l'adversaire. Or, les sportifs ont tendance à oublier que c'est un jeu. Si on veut répondre, il faut être capable de le faire en restant dans le registre du jeu et en contrôle. Si on a le sentiment qu'on n'a pas la stabilité émotionnelle ou le bagou nécessaire, il vaut mieux ne pas répondre et faire abstraction. Les outils ? Prise de distance, relativisation, me recentrer sur mes objectifs, rester dans l'instant présent. Si c'est néfaste, il faut arriver à le laisser partir. Ça paraît simple, mais c'est un travail plus global sur la concentration. Mon travail consiste à faire identifier au joueur ce sur quoi il est censé être concentré et ce sur quoi il n'est pas censé être concentré. Ensuite, c'est de l'entraînement.

Du côté de celui qui est insulté, connais-tu des cas de sportifs traumatisés par un trashtalker ?

Traumatisés, non. Mais qui ont été perturbés, distraits, qui ont contre-performé parce qu'ils sont rentrés dans le trashtalk de leur adversaire, oui. La concentration c'est du lâcher-prise, de l'intentionnalité, un équilibre entre de l'intensité et du relâchement. Lorsque tu reçois un certain nombre d'attaques, tu peux entrer dans une forme de colère ou de haine. Tu oublies alors certains concepts stratégiques et rentres dans un domaine que tu vas moins bien maîtriser que ton adversaire. Par exemple, il va te faire un coup en douce. Tu vas vouloir te venger bêtement. Mais c'est toi qui vas prendre le carton jaune. Tu vas râler, crier à l'injustice, l'arbitre va te mettre un rouge. En fait, tu n'as pas compris qu'il y avait un jeu dans le jeu. Tu es resté premier degré.

C'est quoi une manière intelligente de réagir ?

Comprendre que tout cela, c'est du second degré. Le premier degré, c'est quelqu'un qui va prendre les paroles brutes et entrer dans une dualité directe avec le joueur et être ensuite alimenté par des pulsions agressives. Or, dans le sport, si on est alimenté uniquement par des pulsions agressives, on va vite en payer le prix. Vais-je répondre ou rester sur mon plan de jeu ? Dans ce cas, c'est moi qui vais le piéger. C'est ça l'intelligence et la lucidité. C'est vrai pour tous les sports. Un boxeur qui ne pense qu'à casser la gueule à son adversaire et oublie les concepts stratégiques sera pénalisé. Mohamed Ali était le plus grand trashtalker de l'histoire de la boxe. Il utilisait ses provocations à son bénéfice. Le combat contre Foreman, en 1974 à Kinshasa, c'est la plus belle illustration de trashtalking de l'histoire du sport. Pendant plusieurs semaines, il le conditionne en le faisant passer pour une brute épaisse, un idiot sans technique… Ali crée un chant propre — « Ali Bomayé » (Ali tue-le) — pour perturber son adversaire. Le trashtalker est un stratège qui va utiliser à son profit la haine ou l'agressivité qu'il a créée. Contre Foreman, Ali encaisse les coups jusqu'à l'épuisement de son rival pour finalement l'achever au huitième round.

◄ **Ali, le plus grand, en 1966.**

Si on se met du côté de Foreman, il y a l'idée d'une limite morale à ne pas franchir. On ne peut pas aller trop loin. C'est ce qu'on appelle le fair-play.

Il en va du code moral de chacun. Foreman lui en a voulu pendant longtemps. Pareil pour Zidane avec Materazzi. Zidane ne s'est jamais excusé du coup de tête. La NBA d'aujourd'hui n'est plus celle d'il y a vingt ans. Aujourd'hui, le trashtalk a très fortement diminué. Les arbitres ont décidé qu'il devait être limité à sa moindre expression. Aujourd'hui, tu peux prendre une faute technique à la moindre parole, au moindre regard agressif après un dunk.

Tu y vois un symptôme d'intolérance à la violence inhérente au jeu ou un signe de progrès ?

L'idée de la NBA, c'est que des bagarres très violentes et très mauvaises pour l'image de ce sport ont pour point de départ un trash-talking excessif. Un terrain de basket est plus petit qu'un terrain de football. Deux joueurs peuvent être côte à côte quasiment tout le match. Dans le football, les échanges sont moins fréquents, le terrain est beaucoup plus grand. C'est donc aussi plus difficile d'entendre tout ce qui s'y dit. Dans la préparation psychologique, on incite les joueurs à se centrer sur eux et moins sur l'adversaire. Les gens se plaignent en disant que les sportifs sont devenus des robots. Mais la stabilité émotionnelle est la condition nécessaire à la performance. Tout dépend ensuite de la nature des sports et de la configuration du terrain.

Tu es aussi amateur de poker. Un conseil pour Daniel ?

Dans le poker live, on parle de compétence de *table talk*. C'est une arme naturelle pour les joueurs de la vieille école. Les joueurs modernes sont souvent de moins bons communicants ou alors fins connaisseurs de la psychologie du sport. Ils essaient de résoudre le problème par la dissimulation. Ils sont masqués, cachés derrière des écharpes, des casquettes, des lunettes noires. Phil Hellmuth, le recordman des bracelets WSOP de poker, est un vieux de la vieille. C'est aussi une énorme grande gueule. Il met en avant le fait d'installer « une présence » sur une table. Il est connu pour souvent péter les plombs mais chez lui, tout est stratégique. Le fait qu'il s'énerve, qu'il tance les joueurs qui ont fait de mauvais *play*, ça participe d'une pression psychologique. C'est une manière d'orienter les décisions des joueurs : les amener à se coucher quand ils sont en bluff, ou à les faire payer quand ils sont en *value*.

« Merci Cédric pour les conseils, mais comme tu le sais, je maîtrise parfaitement tout cela. »

LE TACLE DE **DANIEL**

À lire aussi
Cédric Quignon-Fleuret,
Devenir champion, la psychologie au service de la performance,
Solar, 2016

Bouches COUSUES

C'est devenu systématique. Pour s'adresser les uns aux autres, les joueurs mettent leur main devant la bouche. La cause de cette (insupportable) manie porte un nom espagnol : *El Dìa Después*.

Adrián Mediavilla

Au mois d'avril dernier, des images ont fait le tour de l'Espagne. On y voyait l'attaquant du Racing de Santander, Juan Carlos Arana, se tordre de douleur sur la pelouse d'El Alcoraz, le stade de Huesca. Étrangement, Arana ne se tenait pas la cheville ni ne faisait de gestes appelant la civière. Arana pleurait. La raison ? On l'a su plus tard. Quelques mots glissés à son oreille par Gerard Valentín, joueur de Huesca.

La Ligue espagnole n'est pas pionnière dans l'usage du trashtalk pour déstabiliser l'adversaire — ce qu'en Espagne on appelle l'« autre football », celui qui se joue sans ballon —, mais elle est la première à avoir analysé ce que se disaient les joueurs sur le terrain.

C'était le temps où les footballeurs n'avaient pas encore appris à se couvrir la bouche pour parler entre eux.

« CE QU'*EL DÍA DESPUÉS* A COMMENCÉ À FAIRE DANS LES ANNÉES 1990 EST AUJOURD'HUI UNE PRATIQUE COURANTE À LA TÉLÉVISION ESPAGNOLE. »

Histoire de l'œil

La révolution est venue d'une émission diffusée sur Canal+ Espagne : *El Día Después* (*J+1* en Espagne). L'idée des créateurs, c'est de proposer une vision différente du football en racontant ce phénomène au-delà du sport lui-même. À la présentation, Michael Robinson, ancien joueur de Liverpool et d'Osasuna. Il apporte à l'émission une touche d'humour britannique. « J'ai toujours voulu raconter des histoires comme si j'étais dans un pub », expliquait Robinson dans une interview, peu avant sa mort en 2020.

En 1993, une rubrique intitulée *Lo que el ojo no ve* (Ce que l'œil ne voit pas) se penche tout particulièrement sur l'aspect humain en se concentrant sur les joueurs, les arbitres et les supporters. Chaque lundi, elle dévoile les secrets du monde du football aux téléspectateurs de toute l'Espagne.

Au début des années 1990, en Espagne comme dans presque toutes les ligues européennes, les caméras et les journalistes circulent librement les jours de match. Parfois, ils descendent même jusqu'aux vestiaires et interrogent les acteurs alors que le ballon roule encore. « Je me souviens être assis sur un banc avant un match, et Michael Robinson qui vient s'asseoir à côté de moi pour discuter. Les caméras étaient à peine à un mètre de nous », se rappelle Gerard López, ancien joueur du FC Barcelone et du Valence CF (rien à voir avec qui-vous-savez). Un jour même, l'arbitre espagnol Pajares Paz accepte que Canal+ l'équipe d'un micro pendant un Atlético de Madrid-Deportivo La Corogne. Sa seule condition : pouvoir visionner les images avant leur diffusion.

Hugo le sang chaud

L'un des meilleurs joueurs de la Liga dans la décennie 1980, c'est l'attaquant mexicain Hugo Sánchez, aussi célèbre pour ses buts que ses provocations sous le maillot du Real Madrid. Pablo Alfaro, deuxième joueur le plus expulsé de l'histoire de la Liga, le confirme : « Ce qui sortait de sa bouche est impossible à répéter, mais ça restait sur le terrain. La provocation verbale faisait partie de son jeu. »

Forcément, Hugo Sánchez, c'est une mine d'or pour Canal+. Nico Abad, un des reporters de l'époque, raconte : « Avec un simple plan moyen sur Hugo Sánchez, on avait déjà quelque chose de très fort. »

Xabi Alonso et Rafinha au Bayern Munich en 2016.

Quand Maradona débarque à Séville en 1992, le FC Séville engage l'ancien sélectionneur de l'Argentine, Carlos Bilardo, pour entraîner à nouveau *el Pelusa*. Mais Bilardo est surpris par les caméras de Canal+ pendant un Deportivo-Séville en 1993.

Lors d'une action, Maradona tombe au sol avec un joueur de La Corogne. Le soigneur du Séville FC, après avoir constaté que Maradona va bien, se penche sur l'adversaire. La réaction de Bilardo sur le banc est devenue légendaire dans le football espagnol : « Putain, qu'est-ce que ça peut me foutre de l'autre ? MARCHE-LUI DESSUS ! MARCHE-LUI DESSUS ! » crie l'entraîneur argentin depuis son banc de touche.

« Traditionnellement, c'est le commentaire du narrateur qui prime, et les images viennent l'illustrer. *El Día Después* a tout renversé : d'abord on cherchait les images, ensuite on construisait le récit », explique Antoni Daimiel, alors reporter de l'émission et aujourd'hui visage de la NBA en Espagne. « On pouvait revenir sans rien, mais surtout pas avec ce qui avait déjà été vu. C'était la règle », insiste Nico Abad.

Les premiers spectateurs d'*El Día Después* sont les footballeurs eux-mêmes, qui peu à peu à prennent conscience que leur intimité sur le terrain était en danger. « Je me souviens de séances d'échauffement où on faisait déjà attention à ne pas dire de conneries, de peur de finir dans *El Día Después*. Si on se faisait attraper, les moqueries dans le vestiaire étaient énormes », se remémore Álvaro Benito, alors jeune espoir du Real Madrid, aujourd'hui consultant télé.

Rafa, *no me jodas*...

La technologie joue un rôle essentiel. En 1994, Canal+ installe dans les stades espagnols des micros inédits capables de capter et d'isoler des conversations ayant lieu à plusieurs mètres de distance. C'est ainsi que la chaîne enregistre cette discussion entre l'arbitre Mejuto González et son assistant lors d'un Saragosse-Barcelone :

> *« C'est penalty et expulsion,*
> signale le juge de ligne.
> *– Merde, putain Rafa, j'en reviens pas...*
> *Expulsion de qui ?* » répond l'arbitre.

Mais le véritable tournant dans la compréhension de ce qui se passe sur le terrain n'est peut-être pas venu de la technologie, mais du facteur humain : Canal+ embauche des spécialistes en lecture labiale. Là où les micros ne peuvent rien, les yeux de l'interprète prennent le relais.

Ce qu'*El Día Después* a commencé à faire dans les années 1990 est aujourd'hui une pratique courante à la télévision espagnole. En réaction, les footballeurs et les politiques ont appris à placer leur main devant la bouche quand ils sont filmés.

Les experts en lecture labiale ont d'ailleurs été sollicités lors du procès de Luis Rubiales, président de la Fédération espagnole de football, pour déterminer ce qu'il avait dit à la joueuse Jenni Hermoso avant de lui imposer un baiser le jour de la finale de la Coupe du monde féminine. La réponse n'a surpris personne : « Je peux te faire un petit bisou ? »

Revenons à la pelouse d'El Alcoraz. Juan Carlos Arana s'est relevé, a pleuré devant les caméras, a esquissé un geste pour aller vers Gerard Valentín. Mais l'Espagne ignore encore ce que le joueur de Huesca lui a dit. Les caméras d'*El Día Después* n'étaient pas autour de la pelouse.

« SI ON SE FAISAIT ATTRAPER, LES MOQUERIES DANS LE VESTIAIRE ÉTAIENT ÉNORMES. »

Álvaro Benito

« Tu connais la différence entre Cristiano et Mbappé ? »

Paul DE SAINT SERNIN

Meilleure répartie de France dans *Quelle époque !*, le talk-show de Léa Salamé, Paul de Saint Sernin monte sur la scène de L'Européen, à Paris, à partir du 25 septembre. Fan du PSG, historique du Media Football Club – Rabiot avec plus de technique – et auditeur assidu de *L'After*, c'était la personne incontournable pour parler chambrage. Attention aux yeux qui frisent.

Propos recueillis par Romain Canuti

« C'EST UNE FORME D'AMOUR. »

Quelle est ta définition du trashtalk dans le football ?

C'est un peu violent comme terme, « trashtalk ». Parce que *trash*, ça veut dire « déchet », « poubelle », c'est très péjoratif. Je suis fan de la vanne, je suis fan de la punchline bien pensée, bien écrite. Tu en as dans le rap, dans la poésie, dans l'humour. En sport, la référence c'est Mohamed Ali. Il a utilisé sa parole et l'attention des médias pour faire passer des messages politiques. On est d'accord ou pas, mais c'est super d'attirer l'attention avec deux, trois formules bien senties. Ça donne un peu de relief au sport et aux sportifs.

Est-ce qu'un joueur est rentré dans ton cœur davantage pour ses décla que pour ses buts ?

Zlatan, j'aimais ce qu'il dégageait. Il m'a marqué aussi bien par son niveau de jeu que par ses déclarations du type : «Je n'ai pas eu une enfance forcément facile, j'ai dû m'en sortir dans le vestiaire bien blanc des équipes suédoises de Malmö» ou «Je suis différent de vous mais je suis le meilleur.» Cette sur-confiance en lui, surjouée ou pas, lui a permis de devenir le joueur qu'il est devenu. C'est très dédaigneux et en même temps rigolo quand il regarde le dos du maillot de Mavuba lors d'une embrouille en mode «t'es qui toi ?». J'adore que Mavuba lui réponde. C'est le genre d'images qui me fait aussi regarder les matchs. La phrase de Makélélé en mode «Ronaldinho machin chouette, je m'en bats les couilles» m'a marqué, ça a installé encore plus son personnage. C'est lui qui a tenu le Real pendant des années, quand même.

« SI TU AS DE L'AUTO-DÉRISION, ÇA PROUVE QUE TU N'ES PAS TROP CON. ET TU PEUX FACILEMENT CHANGER TON IMAGE. »

Ça marche aussi pour les joueurs moins forts ? En vrai, Joey Barton était moins fort qu'Alaixys Romao, non ?

Effectivement, Joey Barton est plus connu pour sa violence et ses phrases que pour son football. Mais tu vois, son truc du nez avec Ibrahimović, ça ne me va pas. En fait, j'ai besoin que la vanne soit aussi un tout petit peu maligne. Là, il y a un côté attaque physique gratos. Mais c'est très personnel, très subjectif, c'est comme l'humour en fait. Il y a des gens qui vont adorer une vanne et d'autres qui vont la trouver nulle. Moi, ce que j'aime dans la vanne ou dans la *punch*, qu'elle soit en spectacle ou en rap, ou donc dans le foot, c'est quand elle est un tout petit peu intelligente. Mais après, tout le monde n'a pas la même sensibilité. Tu as le droit d'aimer quand c'est un peu plus gras...

Tu dois bien avoir aimé un trashtalk un peu crade, un petit plaisir coupable. C'est pas bien, mais ça t'a quand même fait rire sur le coup.

J'ai vécu de manière paradoxale la décla de Karim Benzema, le karting et la F1 sur Olivier Giroud. C'était méchant de rabaisser un coéquipier, OK. Mais en même temps, il a fait l'effort de faire une métaphore un peu rigolote. Mais ça aurait été encore mieux de le faire dans un format où Giroud était sur place. Karim l'aurait faite différemment, genre «Attends, vous allez me comparer à ce gars-là ?» Et l'autre, il aurait pu rire ou répondre. C'est pas pareil de faire une vanne sur un absent que sur un mec en face de toi.

Le trashtalker, au départ, dans le foot, il est vu comme un ovni...

On a même un *a priori* négatif sur le gars. La nuance est très importante. Si je viens te voir demain et que je te dis qu'on va faire un match de tennis et que je vais te marcher dessus, que je vais t'en mettre dix et que tu ne vas pas mettre un point, tu vas voir dans mon œil si c'est du premier ou du second degré. C'est pareil dans l'humour. Quand je fais une vanne à un handicapé en plateau, si je l'insulte en étant premier degré, c'est juste méchant. Si on voit que je ris avec lui et pas de lui, c'est tout de suite différent.

Rare image du bizutage d'Adrien Rabiot.

Le parallèle entre une vanne sur un terrain et sur un plateau est là, dans ce que tu arrives à faire passer en même temps avec ton regard ?

C'est ça, il faut que tu arrives à faire comprendre que tu sais ce que tu fais. Tant que l'on peut rire ensemble... Récemment, j'étais dans un bus pour un match de charité en Pologne avec des Parisiens et des Marseillais, avec Souley Diawara, Taïwo, Guillaume Hoarau... On s'est vanné sur la rivalité Paris-Marseille, mais on était tous assis à côté. Et à aucun moment, ce n'était méchant ou malveillant. Moi, je pense qu'on a besoin de cette rivalité saine, de ces vannes bienveillantes. J'adore dire ça, on dirait des oxymores : rivalité saine, vannes bienveillantes... En fait, ça va ensemble. C'est une forme d'amour. J'adore citer Romain Gary qui dit : « L'humour est la preuve de la supériorité de l'homme sur ce qui lui arrive. » Ce qui compte à la fin de la journée, c'est comment grandissent les enfants, et pas est-ce que Marseille a battu Paris ou l'inverse, on a tout gagné.

Tu penses que tu aurais envoyé, quoi, toi, comme punch si tu avais été footballeur ?

Maintenant que je vois l'envers du décor, je me dis : « Si j'étais joueur, franchement, je m'amuserais avec. » Certains joueurs commencent à le comprendre. Rayan Cherki arrive à avoir la décontraction et le recul nécessaires pour dire : « Si je dis ça, je sais que vous allez dire ça. Du coup, je vais évidemment dire ça, mais vous avez compris ce que je pense. » Il arrive à capter que c'est un peu rigolo et à jouer avec le journaliste. Tu te souviens quand Julien Cazarre avait vanné Cheick Diabaté ? Eh bien, le fait que Diabaté en rigole, ne le prenne jamais mal, on s'est dit : « Putain, il est intelligent et sympa, ce gars. » Dix ans après, on se souvient tous de lui. Même Rudi Garcia, on avait eu un échange sympa où il avait répondu à une de mes vannes quand je lui demandais qui allait se faire virer le premier entre moi chez Mediapro ou lui à Lyon. Le soir, tous les Lyonnais le trouvaient finalement cool. Si tu as de l'autodérision, ça prouve que tu n'es pas trop con. Et tu peux facilement changer ton image.

Certains supporters ne sont pas prêts pour ça. Il n'y a qu'à voir les réactions de certains lorsque tu as été annoncé dans le dispositif DAZN l'été dernier : « Il faut laisser le foot aux commentateurs... »

Mon but, c'est qu'on arrête de dire dans les milieux hors foot : « Ah là là, les footballeurs, c'est des cons et les supporters, c'est des beaufs. » Moi, j'essaie d'amener une ouverture. Les gens trop au premier degré font beaucoup de mal au foot. Oui, le foot c'est rassembleur. Oui, le foot, ça permet à des Noirs, des Blancs et des Arabes de se parler. Oui, le foot, ça permet à des riches et des pauvres d'être copains. Oui, le foot, ça permet de faire la paix pendant une heure et demie et de ne penser à rien d'autre qu'à se dépenser et à l'esprit d'équipe. C'est 10 % des mecs qui font plus de bruit que les autres, sur Twitter ou dans les stades. La grande majorité a envie de s'ouvrir, en fait. On en a marre de passer pour des beaufs, quoi. Le foot c'est super, ça véhicule de super-valeurs, c'est grandiose. Je joue quatre fois par semaine depuis trente ans. J'aime ça du plus profond de mon âme. Le footballeur, il a de l'esprit, il a de l'autodérision, il est capable de comprendre une vanne. Souvent, le footballeur, c'est le plus gros vanneur qui existe. Il a grandi dans un quartier, il s'est vanné avec ses potes toute sa vie en bas de chez lui. Ensuite, dans un vestiaire. Tous les joueurs avec qui je discute au quotidien, des gros joueurs internationaux et du championnat, ils adorent ça. Ils adorent mes vannes dans *Quelle époque !*

Ça t'a surpris d'apprendre que des footballeurs regardaient un talk-show culturel et d'actu comme Quelle époque ! ?

Les joueurs souffrent de ne pas pouvoir montrer ce qu'ils sont vraiment. « Moi, je suis un jeune de 25 ans et je regarde telle série, j'écoute telle musique. » Mais ils ne peuvent pas le dire parce qu'à la moindre sortie, il y a des supporters qui vont les saouler, « tu ferais mieux de te concentrer sur le foot ». Ils abandonnent très vite, en fait. Ils en souffrent de ça et me remercient un peu de pouvoir dire des trucs qu'ils ne peuvent pas dire. Je dis ça en toute humilité et à mon tout petit niveau. Les gens seraient surpris de discuter ne serait-ce que deux heures avec un joueur de Ligue 1 et de comprendre qu'il est capable de parler d'autre chose que de foot.

Tu as un nom de footballeur dont tu étais fan et qui est venu te voir pour te dire qu'il aimait bien ce que tu faisais ?

L'exemple le plus marquant, c'est quand je rencontre Zinédine Zidane et qu'il me dit (*en imitant Zizou, même s'il réalise dans la seconde que ce n'est pas forcément une bonne idée*) : « Oh, Paul de Saint Sernin, comment tu vas ? Ça me fait plaisir, je te regarde tous les samedis, tu me fais beaucoup rire avec ma femme, j'adore. » L'idole de ma jeunesse, c'est monumental. Le pouvoir de la vanne. Ce sont mes vannes qui ont fait que mon idole sait qui je suis.

Surtout, cela t'a peut-être permis de le découvrir dans l'intimité, où c'est un sacré trashtalker lui aussi...

En fait, il a vraiment ce truc de « l'œil qui frise ». On discutait avec d'autres sportifs et je voyais, quand je prenais la parole, il se tournait, il me regardait du coin de l'œil et tu vois le sourire en coin en mode « moi aussi je l'ai remarqué ». Je voyais un mec qui avait envie de dire une connerie. J'ai vu ça de ouf chez lui, j'ai adoré. Avec son œil un peu fermé, son visage beau gosse, ce regard rieur de celui qui ne laisse rien passer. J'ai senti que ce gars-là, dans l'intimité avec ses potes marseillais, il doit balancer des vannes, ça doit être quelque chose.

Pour conclure, tu dirais que le niveau de vannes est plus féroce dans un plateau d'humoristes ou dans un vestiaire de footballeurs ?

Très bonne question. Il y a vraiment des similitudes entre ces deux endroits. Je crois que les plus gros fous rires de ma vie, je les ai eus dans des vestiaires et pas dans des loges de *comedy club*. Il y a tellement d'amour entre les quinze joueurs qui s'apprêtent à jouer un match. Parce qu'on est dans la même *team*, on se connaît par cœur, on se voit trois fois par semaine, on court 90 minutes les uns pour les autres. On va loin dans l'effort, donc on peut se permettre d'aller encore plus loin dans la vanne. Makélélé, tu sens qu'il respecte Ronnie, c'est pas du « dégage connard ». Plus tu vas loin dans la vanne, plus ça veut dire que tu aimes la personne. J'en suis persuadé.

« LE FOOTBALLEUR, C'EST LE PLUS GROS VANNEUR QUI EXISTE. »

FOOTEUX : trashtalkers *low cost*

Le prince des ténèbres en personne, Marco Materazzi, l'a dit un jour : « Mon trashtalk, ce n'est rien par rapport à la NBA. » Dans le basket US, le langage ordurier fait partie du quotidien et du folklore. De quoi désespérer des footeux ? Pas sûr.

François David

Les trois plus grandes stars actuelles du basket sont des trashtalkers. Leader des Minnesota Timberwolves, le champion olympique Anthony Edwards a toujours un petit sourire en coin quand il marque un panier. Avec, en prime, quelques gestes provocateurs. Tout le monde y passe, des anonymes à LeBron James. Ce rôle, il l'a d'ailleurs transposé dans un film sur Netflix (*Le Haut du panier*, 2022). Il y joue le rôle d'une petite frappe dont le trashtalk fait exploser son rival sous les yeux de sa fille et sa mère. Entre nous, vous comme moi aurions succombé. Streaming ou pas, Edwards n'a pas eu à forcer son talent pour accoucher d'un personnage détestable. Pas d'Oscar en vue *a priori*.

Ensuite, Tyrese Haliburton, meneur de jeu des Indiana Pacers. Il y a quelques mois, il a mimé un étranglement devant le public du Madison Square Garden de New York. Le tout, après avoir torturé le mental des Knicks. Et enfin, Luka Dončić, la star des Lakers et provocateur des parquets. Dončić est si fort qu'il humilie ses rivaux en leur faisant comprendre qu'ils ne seront jamais à son niveau. Ce qui, c'est inévitable, finit par légèrement les gonfler. Exactement ce que cherche Luka « Magic ».

Meilleurs deuxièmes

Dans le passé aussi, une légende comme Larry Bird était connue pour être l'un des meilleurs trashtalkers de l'histoire. L'anecdote est célèbre : avant un concours de paniers à 3 points du All Star Game, il descend dans le vestiaire de ses concurrents et leur lance : « Je passais juste pour savoir qui allait finir deuxième » ou encore, avant un déplacement facile à Portland, l'ailier des Celtics promet « qu'il ne jouera que de la main gauche pour préserver [sa] droite contre les Lakers », deux jours plus tard, il passe 47 points à Portland.

Gary Payton, lui, s'embrouillait avec les joueurs et les fans jusqu'au supermarché. Rasheed Wallace lançait le mythique « *The ball never lies* » (Le ballon ne ment pas), quand un de ses adversaires ratait un lancer franc. Kobe Bryant était devenu spécialiste dans l'art de faire craquer ses adversaires… et ses partenaires. Certains rentraient de l'entraînement en pleurant. Ou enfin, Michael Jordan, devant

DONČIĆ EST SI FORT QU'IL HUMILIE SES RIVAUX EN LEUR FAISANT COMPRENDRE QU'ILS NE SERONT JAMAIS À SON NIVEAU.

qui il fallait baisser la tête sous peine de recevoir une salve de dunks ravageurs et de moqueries. Le tout sous les yeux de la planète entière prenant fait et cause pour le meilleur joueur de l'Histoire.

Mains sur la bouche

Dans le foot, les exemples sont plus rares et moins drôles. La barrière de la langue y contribue sans doute. Si un regard méchant peut déstabiliser les fragiles, les mots, s'ils ne sont pas compris, perdent de leur force. Materazzi a eu Zidane en lui parlant italien, une langue que le Z maîtrise. En outre, l'obsession de la parole contrôlée est de plus en plus prégnante. Sous la surveillance de personnes payées pour gérer leur communication ou de la VAR, les joueurs ne se lâchent plus. Ils ont trop peur de voir leur compte Instagram envahi de commentaires insultants, voire menaçants. Quand ils tentent de se chauffer, c'est la main sur la bouche pour que les caméras ne traduisent pas leur message. Pfff.

Ainsi, en Espagne, les *Clásicos* ont perdu en intensité depuis les départs de Sergio Ramos du Real et de Gerard Piqué du

Barça. Ramos (qui, aux côtés de Pepe, formait la défense centrale la plus détestée du monde – sauf par les fans du Real) hurlait à Salah de se relever après lui avoir déboîté l'épaule (finale de Ligue des champions 2018). Quant à Gerard Piqué, son côté je-sais-tout arrogant, mêlé à des soupçons d'indépendantisme catalan et à la présence dans son lit de Shakira – le fantasme masculin des années 2000 – ont eu tendance à irriter le monde entier. Piqué, c'était le méchant idéal. À côté de lui, Luis Suárez, Neymar et Jordi Alba lui faisaient une belle concurrence en interne.

En y réfléchissant un peu, je crois que c'est depuis l'éclipse médiatique de José Mourinho que tout s'est aseptisé. L'entraîneur portugais avait clairement révolutionné le *game* en focalisant l'attention et la haine sur lui, plutôt que sur ses propres joueurs. À Porto, Chelsea ou au Real Madrid, Mourinho était au centre du jeu, tout le temps, grâce à sa grande bouche et à des rivalités créées de toutes pièces. Depuis qu'il entraîne en Turquie, malgré quelques bons restes, l'impact d'un « Mou » vieillissant n'a plus la même force.

L'avenir du trashtalk

Pourtant, alors que tout semblait perdu et que le foot tiède commençait à fatiguer tout le monde, une flamme est sur le point de renaître ! L'avenir du trashtalk est prometteur.

Il y a les trashtalkers à fort potentiel mais qui n'assument pas encore. Exemple : Jude Bellingham. Il est aussi élégant pour son équipe que mauvais avec ses adversaires, à qui il adresse des «*F*CK off*» universels dès qu'il peut. Le latéral de Majorque Pablo Maffeo l'a dit cette année : «Bellingham est un fourbe, il t'attaque dans le dos.» Il concède même préférer jouer contre l'irritable Vinicius, c'est dire... «Car au moins, il s'énerve devant toi!» Une star, d'aspect inoffensif et consensuel, qui finalement s'avère être un pyromane de la bouche, c'est un joyau. *Thanks Jude*.

Dans le camp d'en face, il y a aussi du lourd, notamment deux de ses plus beaux fleurons : Lamine Yamal et Gavi. Le premier est le joueur le plus en vue et commenté du monde actuellement. À seulement 17 ans, il a remis au goût du jour les codes d'antan. Son truc à lui, c'est le chambrage. Depuis un an, c'est un festival de provocations orales (avant et après les matchs, le gamin assume avec panache) contre la France, Adrien Rabiot ou le Real Madrid, le tout en souriant et avec une casquette en arrière,ce qui a le don d'agacer ceux qui ne savent plus sur quel plan l'attaquer. Car sur le terrain, c'est le meilleur. Et il fait exactement ce qu'il annonce. Quel beau futur nous attend !

AVEC SON COU DE TAUREAU, GAVI N'A PAS PEUR DE DÉFIER TOUT CE QUI BOUGE.

Un daron et deux teigneux

Dans un tout autre registre, on retrouve avec plaisir son partenaire Gavi, qui revient en 4k après une grosse blessure au genou. À seulement 20 ans, il s'est même permis de mettre un vent à la princesse Leonor d'Espagne, promise à régner un jour. Avec son cou de taureau, Gavi n'a pas peur de défier tout ce qui bouge, ce qui le place régulièrement au milieu des embrouilles. Tout ce qu'il aime. Car Gavi, c'est un peu Hulk : plus il est énervé, plus il est dangereux. Au Barça, les deux teigneux sont chaperonnés par le daron de service, le Basque Íñigo Martínez. Outre son caractère impulsif sur le terrain, il ajoute une goutte de rageux du plus bel effet en dehors. Depuis la demi-finale de la Ligue des champions perdue contre l'Inter, Íñigo harcèle même l'Italien Acerbi sur les réseaux sociaux. On applaudit fort. Eh oui : c'est aussi ça, le foot.

CASHTALK

Quand la provocation devient rentable

Dans un football saturé d'images et de matchs, la meilleure façon de marquer les esprits (et impressionner son banquier) n'est plus forcément un triplé, mais une phrase choc.

Romain Canuti

Si l'objectif reste d'écrire l'histoire, encore faut-il qu'elle soit racontée et retenue. À l'heure des algorithmes et des communautés, la punchline peut valoir aussi cher qu'un but, car elle touche au cœur du modèle économique du sport. Alors que les droits TV s'érodent, la vraie monnaie d'échange devient l'attention. Et dans ce système, le trashtalk, l'art de la provocation verbale, devient du *cashtalk* : un levier de différenciation et de revenus, directement valorisé par les marques qui misent sur une personnalité forte plutôt que sur une équipe entière.

« ÇA DEVIENT COMPLIQUÉ POUR DES JOUEURS GENTILS. »

ZLATAN, le conteur de sa propre légende

Zlatan Ibrahimović l'a compris très tôt. Son «Ils devraient me remercier» lancé en MLS résume son approche : chaque déclaration est une opportunité. Elle alimente les médias, renforce sa notoriété et offre un écrin publicitaire parfait à ses sponsors. Et Volvo de poser un visage sur son accroche «Osez être différent». Avec 63 millions de suiveurs, peu importe que son passage au LA Galaxy soit vierge de trophée : il a marqué les esprits, donc il a gagné. C'est cette *win* qu'il facture aujourd'hui à six chiffres minimum pour chaque prise de parole.

CRISTIANO, maître du récit

Cristiano Ronaldo, lui, a prolongé sa rivalité avec Messi au-delà du terrain. Si l'Argentin a collectionné les Ballons d'or, le Portugais a conquis Instagram : premier au classement des influenceurs, jusqu'à 3,4 millions de dollars le post. Peut-être grâce à ses «Je pense être plus complet que Messi» balancés en carrière. Quand il écarte deux bouteilles de Coca-Cola et lance «*Agua!*» en conférence de presse, ce sont quatre milliards de capitalisation envolés pour la firme américaine. Pour CR7, des millions d'impressions gratuites. Plus une star est capable de faire la pluie et le beau temps dans l'actualité, plus son tarif grimpe, même sans contrat direct avec le produit concerné.

BENOÎT PAIRE *vs* Gilles Simon : la logique du buzz

Pour des sportifs moins titrés, le trashtalk pèse également lourd. Pour un tournoi business de padel avec des célébrités, Benoît Paire est plus demandé que Gilles Simon, pourtant mieux classé à son apogée. Alexis Estace, patron de Promasport, l'agence derrière l'événement, parvient à s'en accommoder : «Travailler avec un sportif qui maîtrise le trashtalk, ça veut dire travailler avec un sportif qui maîtrise la communication. Attention, quand je parle trashtalk, il n'est pas question de méchanceté, de violence. Mais on parle de joueurs qui savent être à la limite pour être plus souvent que les autres dans les articles. Ils sont donc en capacité de répondre aux questions qui peuvent leur être posées, car ils ont l'habitude d'être sollicités. Ce sont aussi des personnes passionnantes, car il y a aussi ce décalage entre l'image qu'on se fait d'eux et ce qu'ils sont réellement.» Pour Alexis Estace, la référence historique, c'est Mohamed Ali, qui savait comme personne rentrer dans la tête de ses adversaires. Aux États-Unis, cela fait partie du sport, de la légende du sportif. Kobe Bryant s'était plongé dans un Larousse avant d'insulter correctement Tony Parker lors de leur première confrontation en NBA.

La parole vaut parfois plus que les exploits

Bien sûr, il y a des contre-exemples. Robert Pirès reste très demandé. Il incarne la gentillesse. Mais, comme le rappelle Alexis Estace, qui collabore avec l'éternel numéro 7, il faut un palmarès pour compenser une personnalité plus lisse : «Pour créer un impact chez les gens, il faut avoir marqué. Pirès fait partie de la meilleure équipe de France, de la meilleure équipe d'Arsenal. Ça devient compliqué pour des joueurs aussi gentils que lui, mais qui n'ont pas gagné les mêmes trophées pendant leur carrière.» Pour les grandes gueules, par contre, il y a toujours du business. Cela fait cinq ans que Mario Balotelli enchaîne les échecs. Mais c'est sûr, il va y avoir des candidats à la relance. Au pire, cela apportera toujours de la visibilité auprès d'une large communauté que l'Italien est parvenu à fédérer avec ses frasques.

ROY KEANE, l'ex-*persona non grata* devenue star

Mais pourquoi donc la provocation se monétise-t-elle plus facilement que les exploits sportifs? Les neurosciences évoquent l'effet distinctif : notre mémoire encode mieux ce qui dévie de la norme. Sur les réseaux, l'algorithme pousse l'inattendu. Pour les marques, chaque punchline peut être chiffrée. Sur ce marché, l'émotion forte vaut de l'or, même si elle est négative. Dans un paysage où 90% des fans consomment le football *via* leur téléphone, il faut de plus en plus pousser ce curseur de l'attention. Dans le monde des consultants, on réclame de «l'engagement». Un avis modéré attire peu, une diatribe enflamme, donc donne de la valeur. Le symbole de cette évolution est sans conteste Roy Keane. Capitaine du Manchester United qui gagne la Ligue des champions, tous les sponsors le fuient, à l'exception de Diadora. Trop sulfureux. Aujourd'hui, il est consultant sur Sky Sports avec le plus gros cachet du plateau. Car... trop sulfureux.

Un avenir trop bavard ?

Et demain ? Tout se met en place pour favoriser ce genre de tentations : la valeur d'une prise de parole va se calculer bientôt quasiment en temps réel *via* les *Creator Marketplaces* d'Instagram ou de TikTok. On peut déjà acheter un post d'Ibrahimović comme on réserve un vol, la grille tarifaire est publique. Dans ce futur proche, le club négociera peut-être la part d'audience sociale de son joueur comme aujourd'hui les droits d'image et de produits dérivés. Poussant à en faire toujours plus. Et trop ?

/ Les dossiers
AFTERFOOT

CRÉDITS PHOTO

Presse Sports p. 4 : © Piko/ARGENPRESS ; p. 6 : © Eoin Mundow ; p. 9 : © Roberto Ramaccia/IPP ; p. 10 : © André Lecoq ; p. 14 : © TimGroothuis/WITTERS ; p. 16 : © Boutroux ; p. 17 (haut) : © Penny/RICHIARDI ; p. 17 (milieu haut) : © Marc Atkins/OFFSIDE ; p. 17 (milieu bas) : © Pier Paolo Ferreri/Massimo Sestini ; p. 17 (bas) : © Maurizio Borsari ; p. 25 : © Landrain ; p. 26 : © Franck Nataf ; p. 28 : © Gérard Rancinan ; p. 34 : © Stéphane Mantey ; p. 36 : © Charlotte Wilson/OFFSIDE ; p. 40 : © Mark Leech/OFFSIDE ; p. 48 : © Jacques Feeney/OFFSIDE ; p. 51 : © Tim Groothuis/WITTERS ; p. 55 : © Stéphane Mantey; p. 58 : © Baptiste Paquot ; p. 59 haut : © Corinne Dubreuil ; p. 59 bas : © Alex Martin ; p. 59 bas droite : © Bernard Papon ; p. 60 haut gauche : © Frederic Porcu ; p. 60 bas : © Franck Faugère ; p. 61 : © Antonin Utz ; p. 61 bas gauche : © Charlotte Wilson ; p. 61 bas droite : © De Martignac ; p. 63 gauche : © Julien Faure ; p. 63 milieu : © Nicolas Luttiau ; p. 64 : © Franck Faugère ; p. 66 : © Fred Lancelot ; p. 70-71 : © Franck Faugère ; p. 73 : © Alex Martin ; p. 74 : © Franck Seguin ; p. 77 : © Mutsu Kawamori/AFLO ; p. 78 : © Lahalle ; p. 81 : © Fevre ; p. 92 : © Alex Martin ; p. 101 : © Felice De Martino/IPP ; p. 104 : © Julien Faure ; p. 110 : © Simon Stacpoole/OFFSIDE ; p. 112 : © Langer/EXPA ; p. 113 : © Simon Stacpoole/OFFSIDE ; p. 117 : © Bernard Papon ; p. 119 : © Baptiste Paquot ; p. 121 : © Jérôme Miron ; p. 122 : © Simon Stacpoole ; p. 124 : © Simon Stacpoole/OFFSIDE ; p. 125 gauche : © Jacques Feeney/OFFSIDE ; p. 125 droite : © Antoine Couvercelle ; p. 126 gauche : © alberto sabattini/IPP ; p. 126 droite : © Simon Stacpoole/OFFSIDE ; p. 127 : © Mark Leech/OFFSIDE.

Icon Sport p. 19 : © Sportfoto ; p. 20 : © PA Images ; p. 22 : © Bildbyran ; p. 45 : © Aldo Liverani ; p. 46 : © Bildbyran ; p. 47 : © SPI ; p. 60 haut droite : © LaPresse ; p. 63 droite : © IconSport ; p. 67 : © Collection Bancet ; p. 94 : © IconSport ; p. 98-99 : © Reportages Press ; p. 108 : © UPI ; p. 123 : © ProShots.

Autres p. 30 : © PA Images/Alamy ; p. 114 : © Fifou/Mathilde&Geoffrey.

LES TAULIERS

Gilbert Brisbois, Thibaud Leplat, Daniel Riolo

LES AUTEURS

François Beyssen, Romain Canuti, Johann Crochet, François David, Laurent Favre, Chérif Ghemmour, David Guzman, Emmanuelle Luciani, Jérémy Lopez, David Lortholary, Adrián Mediavilla, Timothée Maymon, Albrecht Sonntag, Diego Torres, Nicolas Zeisler

L'ILLUSTRATEUR

Mahamadou Traoré, d'Alvastudio7

Conception graphique et maquette
Thierry Sestier

Préparation de copie
Mickaël Caron

Relecture
David Lerozier

Imprimé en Espagne par Gráficas Estella
Pour le compte des éditions Hachette Livre (Marabout)
58, rue Jean Bleuzen - 92178 Vanves cedex
contact@marabout. com

Dépôt légal : octobre 2025
ISBN : 978-2-501-19348-1
7713454